스마트한 코딩교육

스크래치 3.0 프로그래밍

WellBook
Well Life, Well Book

스크래치 3.0 프로그래밍

초판 1쇄 발행_2023년 2월 28일
지은이 장은영
발행인 임종훈
진행 · 표지 · 편집디자인 인투
출력 · 인쇄 정우 P&P
주소 서울시 마포구 방울내로 11길 37 프리마빌딩 3층
주문/문의전화 02-6378-0010 **팩스** 02-6378-0011
홈페이지 http://www.wellbook.net

발행처 도서출판 웰북

ⓒ 도서출판 웰북 2023
ISBN 979-11-86296-89-9 13000

알고리즘으로 창의력을 높여주는 스크래치를 만나봅시다!

컴퓨터를 사용하기 위해 꼭 필요한 것 중 하나가 프로그램입니다. 소프트웨어라고도 불리는 프로그램을 제작하기 위해서는 C, JAVA, 파이썬 등 다양한 코딩 언어를 사용해야 합니다. 하지만 복잡한 문법 등으로 인해 전문적인 코딩 교육을 받아야 하는 어려움도 있습니다. 메사추세츠 공과대학(MIT)에서 개발한 스크래치(Scratch)는 누구나 쉽게 코딩할 수 있도록 만들어졌습니다. 한국을 포함한 전 세계에서 활용하고 있는 스크래치는 멀티미디어 환경에 맞게 구성되었으며, 블록 장난감을 가지고 노는 것과 같이 프로그램 블록을 끼워 맞추면 누구나 쉽고 재미있는 코딩이 가능합니다. 스크래치 코딩을 통해 얻을 수 있는 효과는 아래와 같이 정리할 수 있습니다.

1. 알고리즘을 통해 문제 해결 능력을 기를 수 있습니다.

주어진 문제를 해결하는 방법이나 절차를 알고리즘이라고 하는데, 프로그램을 잘 만들기 위해 가장 중요한 것이 바로 알고리즘입니다. 알고리즘을 통해 문제 해결 능력과 창의력을 발달시킬 수 있습니다.

2. 프로그램 제작을 통해 생각을 다양하게 넓힐 수 있습니다.

스크래치의 다양한 캐릭터와 이미지를 이용하여 재미있는 게임, 슬라이드, 커뮤니케이션, 과학 실험 등 다양한 프로그램을 만들게 됩니다. 여러 가지 스프라이트를 다양한 블록으로 수많은 프로그램을 만들 수 있으며, 누구도 생각하지 못했던 독창적인 나만의 새로운 프로그램을 개발할 수 있습니다.

3. 새로운 컴퓨터의 활용 방법을 체험할 수 있습니다.

스크래치로 제작한 프로그램은 외부 장치를 통해 제어할 수 있습니다. 마이크를 통해 입력받은 값에 따라 그래프가 움직이거나 스프라이트들이 재미있는 효과를 보여주는 것과 같은 프로그램을 쉽게 만들 수 있습니다. 내가 만든 프로그램이 다양한 외부 장치를 통해 실행되는 것을 보며 컴퓨터의 다양한 활용 방법을 체험할 수 있습니다.

스크래치는 누구나 쉽고 재미있게 프로그램을 만들 수 있습니다. 컴퓨터 프로그래머를 꿈꾸는 학생이나 논리적인 사고방식과 창의력을 계발하려는 학생에게 스크래치는 생각을 더 일깨워주는 좋은 도구가 될 것입니다. 스크래치 코딩을 이용하여 재미있는 프로그램을 만들며 컴퓨터 실력이 업그레이드되기 바랍니다!

꼭 기억하세요!

상담을 원하시거나 아이가 컴퓨터 수업에 출석할 수 없는 경우 아래 연락처로
미리 연락 주시기 바랍니다.

타수체크 🖊️

🐰 초급단계

월 일	월 일	월 일	월 일	월 일	월 일
월 일	월 일	월 일	월 일	월 일	월 일
월 일	월 일	월 일	월 일	월 일	월 일
월 일	월 일	월 일	월 일	월 일	월 일
월 일	월 일	월 일	월 일	월 일	월 일

중급단계

월 일	월 일	월 일	월 일	월 일	월 일
월 일	월 일	월 일	월 일	월 일	월 일
월 일	월 일	월 일	월 일	월 일	월 일
월 일	월 일	월 일	월 일	월 일	월 일
월 일	월 일	월 일	월 일	월 일	월 일

고급단계

월 일	월 일	월 일	월 일	월 일	월 일
월 일	월 일	월 일	월 일	월 일	월 일
월 일	월 일	월 일	월 일	월 일	월 일
월 일	월 일	월 일	월 일	월 일	월 일
월 일	월 일	월 일	월 일	월 일	월 일

이 책의 차례

Contents

01강 스크래치 3.0 프로그램 살펴보기

학습 목표
- ● 스크래치 만들기 웹 사이트에 접속할 수 있습니다.
- ● 스크래치 프로그램을 설치하고 실행할 수 있습니다.
- ● 작품을 만들고 저장할 수 있습니다.

📁 [실습파일] 없음   📁 [완성파일] 나의첫작품.sb3

 스크래치(Scratch)는 어린이들이 쉽고 재미있게 코딩 경험을 하기 위한 목적으로 만들어진 교육용 프로그래밍 언어랍니다. 스크래치 만들기 웹 사이트에 접속하거나 스크래치 3.0 프로그램을 설치한 후 어떻게 생겼는지 살펴보아요. 그리고 간단한 작품을 만들면서 기본 기능을 익혀 볼까요?

01 스크래치 만들기 웹 사이트 이용하기

01 마이크로소프트 엣지(🌙)나 크롬(◉) 등의 웹 브라우저를 실행하여 주소 표시줄에 "scratch.mit.edu"를 입력해요.

02 위쪽의 메뉴에서 [만들기]를 클릭해요.

03 언어 선택 아이콘(🌐)을 클릭하여 '한국어'를 선택한 후 작품을 만들어 보세요!

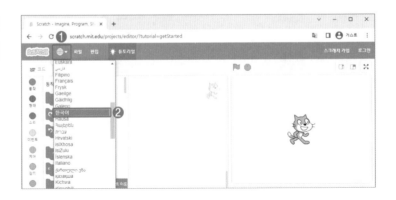

01 왼쪽 위의 스크래치 로고를 클릭하여 첫 페이지로 이동한 후 아래로 스크롤하여 [다운로드]를 클릭해요.

02 사용 중인 PC의 운영 체제를 선택하고 [바로 다운로드]를 클릭한 후 실행 파일을 클릭하여 설치해요.

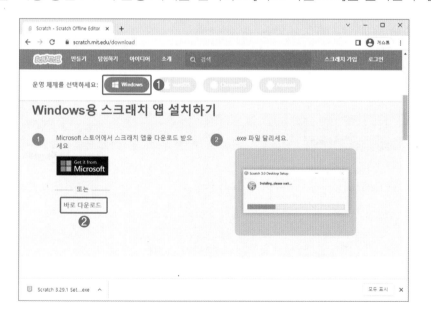

운영 체제란 컴퓨터를 사용할 수 있도록 도와주는 프로그램입니다. 개인용 컴퓨터(PC)의 운영 체제는 윈도우(Windows)가 가장 많이 사용됩니다.

03 설치가 완료된 후 바탕 화면의 스크래치 실행 아이콘( )을 더블 클릭하면 스크래치 프로그램이 실행돼요!

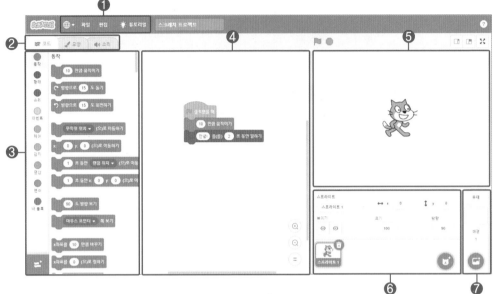

❶ 메뉴 : 언어, 파일, 편집, 튜토리얼 메뉴가 있어요.

❷ 탭 : 코드, 모양, 소리 탭이 있어요.

❸ 블록 팔레트 : 동작, 형태, 소리, 이벤트, 제어, 감지, 연산, 변수, 내 블록 등 9개의 카테고리별 블록들이 있어요.

❹ 코딩 영역 : 블록을 드래그하고 조립하여 스프라이트를 코딩하는 영역이에요.

❺ 무대 : 스프라이트가 동작하는 영역이에요.

❻ 스프라이트 영역 : 스프라이트를 삽입하거나 설정할 수 있는 영역이에요.

❼ 배경 영역 : 배경을 삽입하거나 선택할 수 있는 영역이에요.

04 간단한 작품 만들고 저장하기

01 동작 의 `10 만큼 움직이기` 블록을 코딩 영역으로 드래그한 후 블록을 클릭하여 무대의 고양이 스프라이트가 움직이는 것을 확인해 보세요.

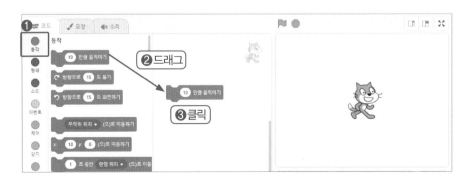

02 형태 의 `안녕! 을(를) 2 초 동안 말하기` 블록을 `10 만큼 움직이기` 아래에 연결하고, 말하기 내용에 여러분의 이름을 입력한 후 블록을 클릭해 보세요.

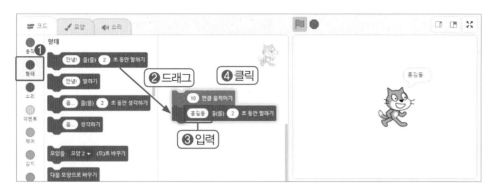

03 이벤트 의 `클릭했을 때` 블록을 `10 만큼 움직이기` 위에 연결하고, 시작하기 버튼(🏳)을 클릭하면 프로그램이 실행돼요.

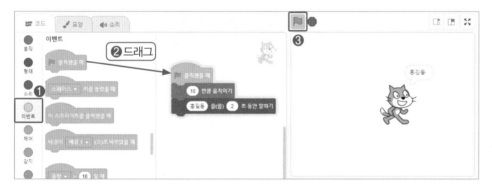

04 `안녕! 을(를) 2 초 동안 말하기` 블록을 드래그하여 `클릭했을 때` 아래에 연결해요.

05 `10 만큼 움직이기` 블록을 왼쪽의 블록 팔레트로 드래그하여 삭제해요.

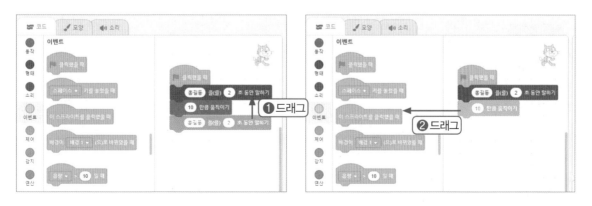

06 ●제어 의 🔲 10 번 반복하기 블록을 아래에 연결하고, ●동작 의 🔲 10 만큼 움직이기 블록을 반복 블록 안에 끼워 넣어요.

07 ●형태 의 다음 모양으로 바꾸기 블록을 아래에 연결하고, ●제어 의 🔲 1 초 기다리기 블록을 아래에 연결하여 시간을 '0.5'초로 변경해요.

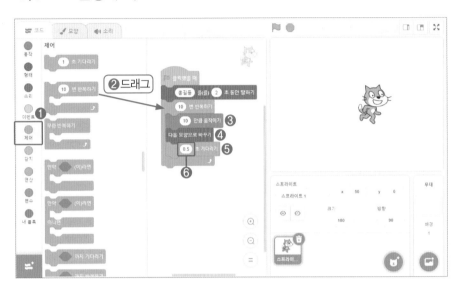

08 시작하기 버튼(▶)을 클릭하면 고양이 스프라이트가 이름을 말한 후 모양을 바꿔가면서 움직이는 것을 확인할 수 있어요.

09 [파일]-[컴퓨터에 저장하기] 메뉴를 클릭하여 저장할 위치를 지정하고, 파일 이름에 "나의첫작품"을 입력한 후 [저장]을 클릭해요.

02강 나만의 캐릭터를 만들어 움직여 보자!

학습 목표

- 스프라이트를 새로 만들고 편집할 수 있습니다.
- 배경과 스프라이트의 모양을 추가하고 변경할 수 있습니다.
- 명령 블록을 연결하고 삭제할 수 있습니다.

📁 [실습파일] 나만의 캐릭터.sb3   📁 [완성파일] 나만의 캐릭터(완성).sb3

 스크래치의 그림판을 이용해서 기본으로 제공되는 스프라이트가 아닌 나만의 개성 있는 스프라이트를 직접 만들고 코딩으로 명령해 움직일 수 있어요. 다양한 동작의 모양을 추가하여 움직이는 스프라이트를 만들어 볼까요?

▲ 그림판을 이용해 '로켓'을 만들고 시작하기 버튼을 클릭하면 우주를 향해 멋지게 출발함

▲ '로켓'은 120도 방향으로 오른쪽 위로 끝까지 날아감

● 스크래치 그림판 메뉴

선택	형태 고치기	붓	지우개	채우기 색
T 텍스트	선	○ 원	□ 직사각형	

01 로켓의 몸체 그리기

01 '나만의 캐릭터.sb3' 파일을 불러온 후 스프라이트 영역에서 'Cat' 스프라이트의 삭제 버튼을 클릭해요.

02 [스프라이트 고르기(🐱)]-[그리기(🖌)]를 클릭하여 [모양] 탭의 스크래치 그림판을 확인해요.

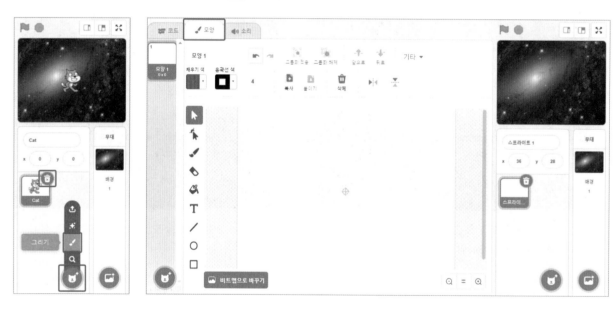

03 툴바에서 직사각형(□)을 클릭하여 채우기 색을 색상 '50', 채도 '32', 명도 '100'으로 설정하고, 윤곽선 굵기를 '5'로 설정한 후 드래그하여 직사각형을 그려요.

04 툴바에서 선택(➤)을 클릭한 후 크기 조절점을 드래그하여 크기를 변경하고, 도형 안쪽을 드래그하여 가운데로 이동해요.

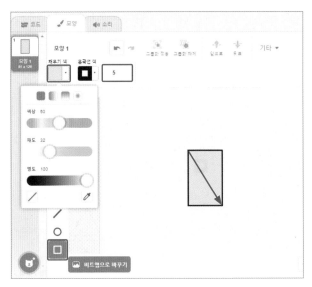 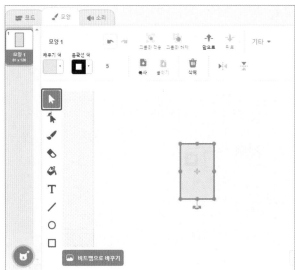

05 툴바에서 원(◯)을 클릭한 후 채우기 색의 수평 방향 그러데이션(▰)을 선택하고, 첫 번째 색을 색상 '22', 채도 '7', 명도 '100'으로 설정해요.

06 두 번째 색을 클릭한 후 색상 '22', 채도 '95', 명도 '100'으로 설정하고, 직사각형 안에 드래그하여 원을 그려요.

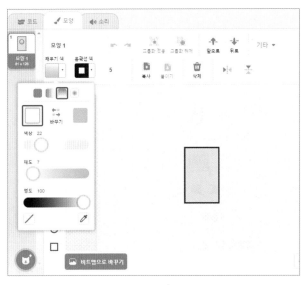 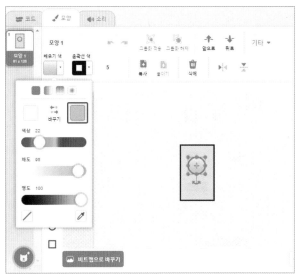

01 툴바에서 직사각형(□)을 클릭하여 채우기 색을 색상 '0', 채도 '0', 명도 '100'으로 변경한 후 직사각형을 추가하여 아래의 그림과 같이 그려요.

02 툴바에서 선(✏)을 클릭한 후 드래그를 세 번 하여 삼각형을 그려요.

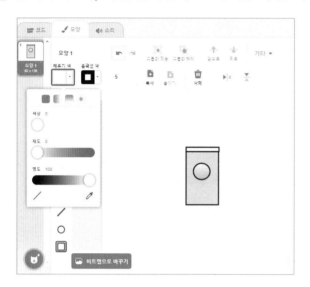 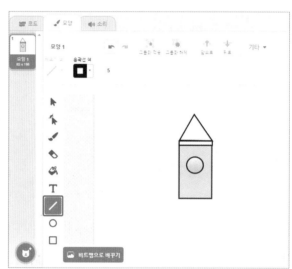

03 툴바에서 선택(▶)을 클릭하고 삼각형을 선택해요.

04 채우기 색의 수평 방향 그러데이션을 선택한 후 첫 번째 색은 색상 '56', 채도 '100', 명도 '100'으로 설정하고, 두 번째 색은 색상 '80', 채도 '100', 명도 '100'으로 설정해요.

 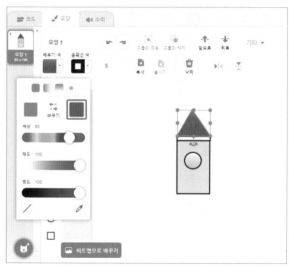

05 툴바에서 선(✏)을 클릭한 후 로켓의 왼쪽에 직각 삼각형 모양의 날개를 그려요.

06 채우기 색은 색상 '0', 채도 '100', 명도 '100'으로 설정해요.

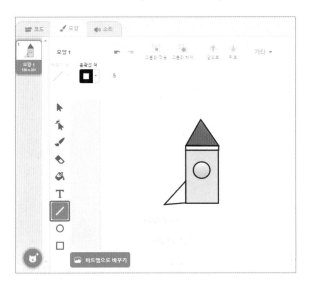 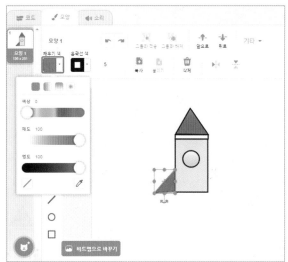

07 날개가 선택된 상태에서 메뉴에서 복사(📄)를 클릭하고 이어서 붙이기(📄)를 클릭해요.

08 메뉴에서 좌우 뒤집기(▶◀)를 클릭하고 날개를 드래그하여 오른쪽 날개를 완성해요.

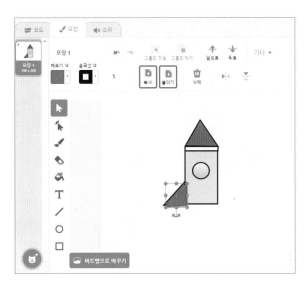 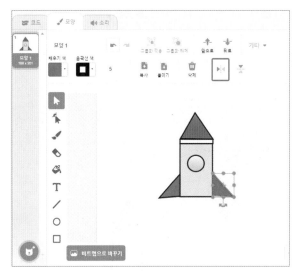

03 로켓의 엔진 불꽃 그리기

01 툴바에서 원(○)을 클릭한 후 채우기 색의 수평 방향 그러데이션을 선택하고, 첫 번째 색을 색상 '0', 채도 '100', 명도 '100'으로 설정해요.

02 두 번째 색을 클릭한 후 색상 '16', 채도 '100', 명도 '100'으로 설정하고, 드래그하여 원을 그려요.

03 윤곽선 색은 '선 없음'을 클릭해요.

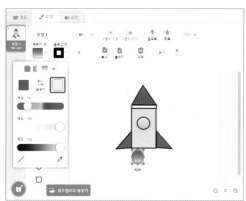
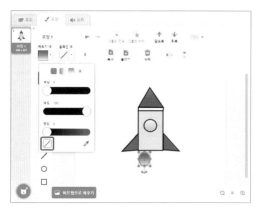

04 툴바의 형태 고치기(⤴)를 클릭한 후 아래쪽 조절점을 아래로 드래그하여 모양을 변경해요.

05 툴바의 선택(▶)을 클릭한 후 메뉴에서 복사(📋)와 붙이기(📥)를 클릭하고, 드래그하여 위치를 이동해요.

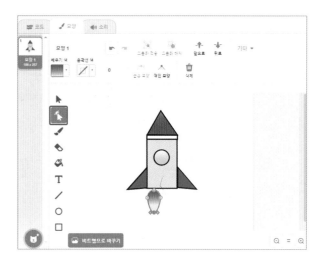
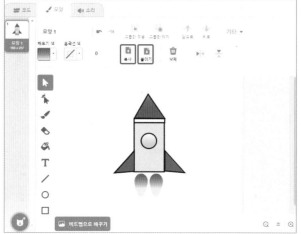

06 모양을 복사하기 위해 모양 목록의 '모양 1'을 마우스 오른쪽 버튼으로 클릭하여 [복사]를 선택해요.

07 복제된 '모양 2'의 불꽃을 아래로 더 길게 만들어요.

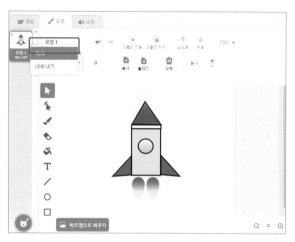 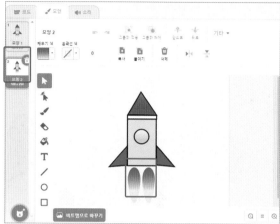

04 로켓이 움직이도록 코딩하기

01 [코드] 탭을 누른 후 다음과 같이 코딩해요.

02 스프라이트 이름을 "로켓"으로 수정하고, 시작하기 버튼( )을 클릭하여 로켓이 동작하는 것을 확인해 보세요!

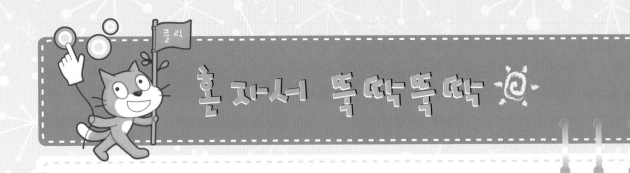

01 스크래치 그림판으로 '강아지' 스프라이트의 모양 및 색상 등을 완성해 보세요.

📁 [실습파일] 없음   📁 [완성파일] 강아지(완성).sb3

조건

• 그림판의 메뉴와 툴바의 모든 도구를 활용
  해 만들어 보세요.
• 캐릭터를 소개하도록 시작하기 버튼을 클
  릭했을 때 말하기 블록을 사용해 보세요.

02 스크래치 그림판으로 '판다' 스프라이트의 모양 및 색상 등을 완성해 보세요.

📁 [실습파일] 없음   📁 [완성파일] 판다(완성).sb3

조건

• 그림판의 메뉴와 툴바의 모든 도구를 활용
  해 만들어 보세요.
• 캐릭터를 소개하도록 시작하기 버튼을 클
  릭했을 때 말하기 블록을 사용해 보세요.

03강 야호! 뛰어보아요!

학습
목표
● 스페이스 키를 눌러 스프라이트를 이동시킬 수 있습니다.
● 스프라이트의 모양을 바꿀 수 있습니다.
● 스프라이트를 반복 횟수만큼 이동시킬 수 있습니다.

📁 [실습파일] 점핑 래빗.sb3   📁 [완성파일] 점핑 래빗(완성).sb3

 토끼처럼 높이 점프할 수 있다면 얼마나 좋을까요? 우리 대신 토끼가 높이 점프할 수 있도록 만들어 보아요. 점프 동작 전 모양과 위로 올라갈 때의 모양, 아래로 내려올 때의 모양을 다르게 하면서 조금씩 이동시켜 보아요!

▲ 프로그램 시작 전에는 '냐옹이'와 '깡총이'가 각각 화면 왼쪽 아래와 오른쪽에 위치함

▲ 프로그램이 시작되면 '냐옹이'는 계속 좌우로 움직이고, '깡총이'는 스페이스 키를 누를 때마다 점프를 10번씩 하면서 조금씩 이동함

주요 블록

스페이스 ▼ 키를 눌렀을 때	스페이스 키를 클릭하면 아래에 연결된 블록들을 실행합니다.	모양을 모양 2 ▼ (으)로 바꾸기	스프라이트의 모양을 지정한 모양으로 바꿉니다.
10 번 반복하기	감싸고 있는 블록들을 입력한 횟수만큼 반복 실행합니다.	y좌표를 10 만큼 바꾸기	스프라이트의 y좌표를 입력한 값만큼 바꿉니다.

01 '깡총이' 처음 위치와 모양 정하기

01 '점핑 래빗.sb3' 파일을 불러온 후 스프라이트 목록에서 '깡총이'를 선택해요.

02 이벤트 의 클릭했을 때 를 드래그하여 추가하고, 동작 의 x: ⓪ y: ⓪ (으)로 이동하기 를 아래에 연결하여 x좌표를 '202', y좌표를 '12'로 지정해요.

03 형태 의 모양을 모양2 ▾ (으)로 바꾸기 를 아래에 연결하여 모양을 '깡총이-1'로 지정해요.

프로그램이 시작되었을 때 '깡총이'의 시작 위치와 모양을 설정합니다. [모양] 탭을 클릭하면 스프라이트의 모양을 확인할 수 있습니다.

02 스페이스 키를 누르면 점프하고 이동시키기

01 스페이스 키를 누르면 동작을 실행시키기 위해 이벤트 의 스페이스 ▾ 키를 눌렀을 때 를 드래그하여 추가해요.

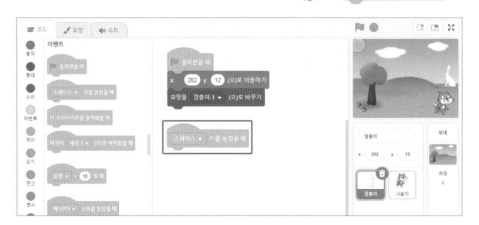

02 이동하고 점프하는 동작을 10번 반복하기 위해  를 아래에 연결해요.

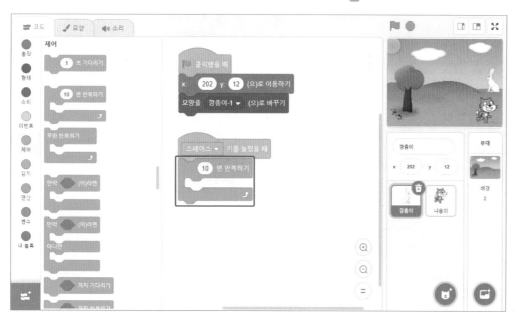

03 의 를 반복 블록 안에 끼워 넣고, 거리를 '20'으로 지정해요.

'깡총이'의 방향이 왼쪽
(-90)이므로, 왼쪽으로 20
만큼 움직이게 됩니다.

04 점프 직전에 모양을 바꾸기 위해 형태 의 모양을 모양2 ▼ (으)로 바꾸기 를 아래에 연결하여 모양을 '깡총이-2'로 지정해요.

05 위쪽으로 조금씩 반복해서 이동시키기 위해 제어 의 10 번 반복하기 를 아래에 연결한 후 동작 의 y좌표를 10 만큼 바꾸기 를 반복 블록 안에 끼워 넣고, 거리를 '5'로 지정해요.

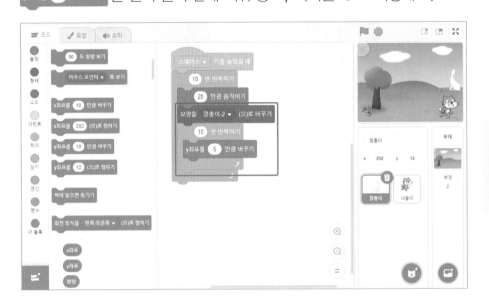

위쪽으로 이동하려면 y좌표를 양수(0보다 큰 수)만큼 바꾸고, 아래쪽으로 이동하려면 y좌표를 음수(0보다 작은 수)만큼 바꾸면 됩니다.

06 아래로 내려오기 직전에 모양을 바꾸기 위해 형태 의 모양을 모양2 ▼ (으)로 바꾸기 를 아래에 연결하여 모양을 '깡총이-3'으로 지정해요.

07 아래쪽으로 조금씩 반복해서 이동시키기 위해 제어 의 10 번 반복하기 를 아래에 연결한 후 동작 의 y좌표를 10 만큼 바꾸기 를 반복 블록 안에 끼워 넣고, 거리를 '-5'로 지정해요.

08 바닥에 착지하면 처음 모양으로 바꾸기 위해 ● 의 `모양을 모양2 ▼ (으)로 바꾸기` 를 맨 아래에 연결하여 모양을 '깡총이-1'로 지정해요.

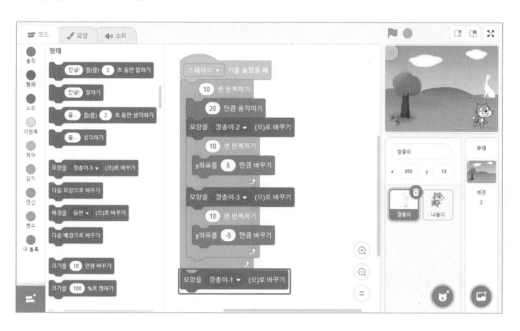

09 시작하기 버튼(▶)을 클릭한 후 스페이스 키를 누르면 토끼가 왼쪽으로 약간 이동하고 점프하는 동작을 10번 반복하는 것을 알 수 있어요.

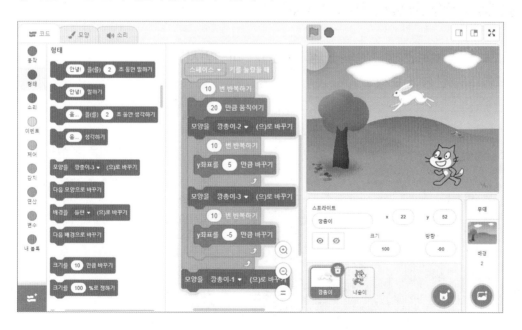

01 위쪽 화살표 키를 누르면 발레리나가 모양이 바뀌면서 점프하도록 주어진 〈조건〉대로 스크립트를 완성해 보세요.

📁 [실습파일] 발레.sb3　　📁 [완성파일] 발레(완성).sb3

조건

• 위쪽 화살표 키를 눌렀을 때 위쪽으로 '10'만큼 이동하고 모양을 '점프후'로 바꾸기를 '10'번 반복하기

• 다시 아래쪽으로 '10'만큼 이동하고 모양을 '점프전'으로 바꾸기를 '10'번 반복하기

• 사용 블록

02 위쪽 화살표 키를 누르면 점프맨의 모양과 크기가 바뀌면서 점프하도록 주어진 〈조건〉대로 스크립트를 완성해 보세요.

📁 [실습파일] 점프맨.sb3
📁 [완성파일] 점프맨(완성).sb3

조건

• 위쪽 화살표 키를 눌렀을 때 위쪽으로 '50'만큼 이동하고 모양을 '점프후'로 바꾸고 크기를 '20'만큼 바꾸기를 '10'번 반복하기

• 다시 아래쪽으로 '10'만큼 이동하고 모양을 '점프전'으로 바꾸고 크기를 '-20'만큼 바꾸기를 '10'번 반복하기

• 사용 블록

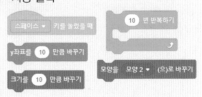

04강 2인용 줄다리기 게임하기

학습 목표
- 화살표 키를 눌러 스프라이트를 이동시킬 수 있습니다.
- 스프라이트가 벽에 닿으면 실행을 멈출 수 있습니다.
- 스크립트를 다른 스프라이트에 복사할 수 있습니다.

📁 [실습파일] 줄다리기.sb3   📁 [완성파일] 줄다리기(완성).sb3

 줄다리기는 여러 명이 편을 갈라서 굵은 밧줄을 마주 잡아당겨서 승부를 겨루는 놀이입니다. 왼쪽이나 오른쪽 화살표 키를 누르면 모든 스프라이트가 왼쪽이나 오른쪽으로 이동하고, 무대의 벽에 닿는 쪽이 이기는 게임을 만들어 보겠습니다. 게임을 만들고 친구와 함께 화살표 키를 누르면서 줄다리기 게임을 신나게 해 볼까요?

▲ 왼쪽/오른쪽 화살표 키를 누를 때마다 해당 방향으로 이동함

▲ '말'이나 '코끼리' 스프라이트가 벽에 닿으면 게임이 종료됨

● 주요 블록

블록	설명	블록	설명
만약 ◆ (이)라면	만약 조건이 '참'이라면, 감싸고 있는 블록들을 실행합니다.	스페이스 ▼ 키를 눌렀는가?	선택한 키를 누른 경우 '참'으로 판단합니다.
x좌표를 10 만큼 바꾸기	스프라이트의 x좌표를 입력한 값만큼 바꿉니다.	멈추기 모두 ▼	선택한 항목의 실행을 멈춥니다.

01 '줄다리기.sb3' 파일을 불러온 후 스프라이트 목록에서 '말'을 선택해요.

02 의 클릭했을 때 를 드래그하여 추가하고, ⬤ 의  를 아래에 연결한 후 을 반복 블록 안에 끼워 넣어요.

03 왼쪽 화살표 키를 누르면 동작시키기 위해 ⬤ 의 <스페이스 ▾ 키를 눌렀는가?> 를 조건 부분에 끼워 넣은 후 키를 '왼쪽 화살표'로 지정해요.

04 왼쪽으로 이동시키기 위해 동작 의 `x좌표를 10 만큼 바꾸기` 를 조건 블록 안에 끼워 넣은 후 거리를 '-2'로 지정해요.

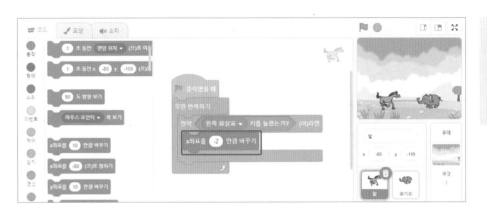

> 오른쪽으로 이동하려면 x 좌표를 양수(0보다 큰 수)만큼 바꾸고, 왼쪽으로 이동하려면 x좌표를 음수(0보다 작은 수)만큼 바꾸면 됩니다.

05 오른쪽 화살표 키를 누르면 오른쪽으로 이동시키기 위해 조건 블록을 마우스 오른쪽 버튼으로 클릭하여 [복사하기]를 선택해요.

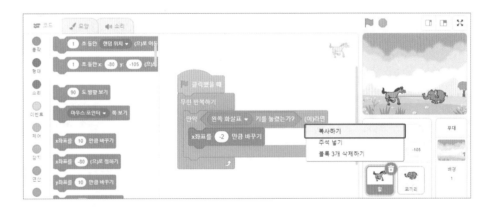

06 복사된 블록을 반복 블록 안에 끼워 넣은 후 키를 '오른쪽 화살표'로, 거리를 '2'로 지정해요.

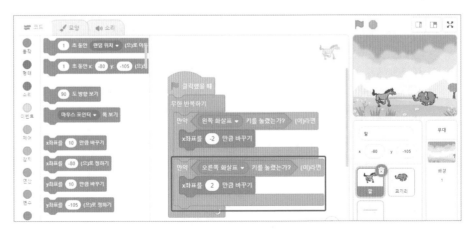

07 '코끼리'와 '줄' 스프라이트도 똑같이 동작시키기 위해 를 스프라이트 목록의 각 스프라이트로 드래그하여 스크립트를 복사해요.

스크립트를 다른 스프라이트로 복사하려면 복사할 스크립트의 맨 위의 블록을 스프라이트 목록의 다른 스프라이트로 드래그하면 됩니다.

02 벽에 닿으면 게임 종료하기

01 '말' 스프라이트에서 이벤트의 ▶클릭했을 때 를 드래그하여 추가하고, 제어의 무한 반복하기 를 아래에 연결한 후 만약 (이)라면 을 반복 블록 안에 끼워 넣어요.

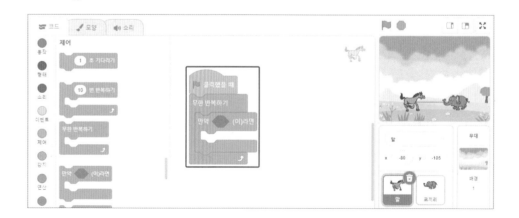

02 벽에 닿으면 동작시키기 위해 _{감지} 의 ◁마우스 포인터 ▾ 에 닿았는가?▷ 를 조건 부분에 끼워 넣은 후 항목을 '벽'으로 지정해요.

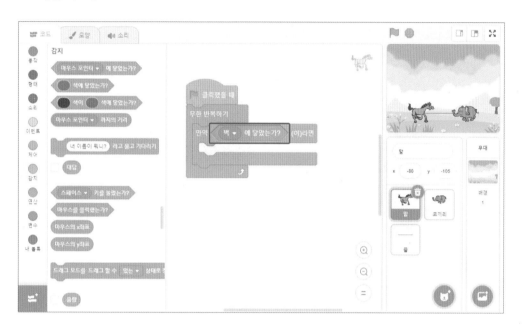

03 _{형태} 의 ◁안녕! 을(를) 2 초 동안 말하기▷ 를 조건 블록 안에 끼워 넣은 후 "이겼다!"를 입력해요.

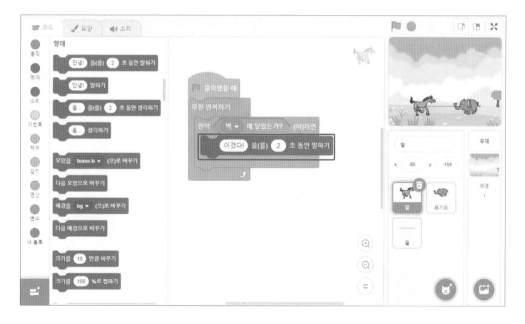

04 의 멈추기 모두 ▼ 를 말하기 블록 아래에 연결해요.

05 '코끼리' 스프라이트도 똑같이 동작시키기 위해 클릭했을 때 를 스프라이트 목록의 '코끼리' 스프라이트로 드래그하여 복사해요.

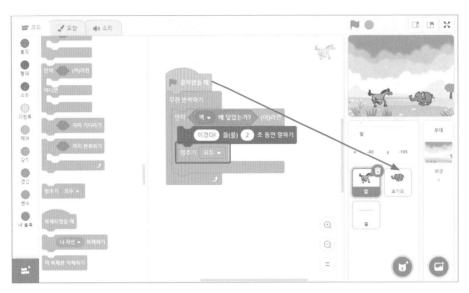

06 '코끼리'와 '줄' 스프라이트에 복사된 블록들을 정리하기 위해 각 스프라이트를 선택하여 코딩 영역의 빈 곳을 마우스 오른쪽 버튼으로 클릭하여 [블록 정리하기]를 선택해요.

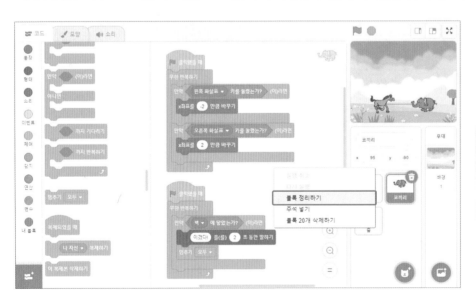

다른 스프라이트로 스크립트를 복사하면 스크립트들이 겹쳐 보일 수 있으므로 블록을 정리하는 것이 좋습니다.

07 시작하기 버튼(▶)을 클릭하여 친구와 함께 줄다리기 게임을 해 보세요!

혼 자서 뚝딱뚝딱

01 오른쪽/왼쪽 화살표 키를 누르면 자동차가 오른쪽/왼쪽으로 움직이도록 주어진 〈조건〉 대로 스크립트를 완성해 보세요.

📂 [실습파일] 푸드트럭.sb3 📂 [완성파일] 푸드트럭(완성).sb3

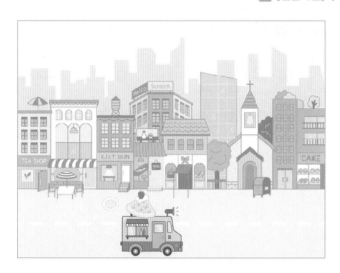

조건

- 오른쪽 화살표 키를 누르면 오른쪽으로 '5'만큼 이동하기
- 왼쪽 화살표 키를 누르면 왼쪽으로 '5'만큼 이동하기
- 사용 블록

02 위쪽/아래쪽/오른쪽/왼쪽 화살표 키를 누르면 물고기가 해당 방향으로 움직이도록 주어진 〈조건〉대로 스크립트를 완성해 보세요.

📂 [실습파일] 바닷속피하기.sb3 📂 [완성파일] 바닷속피하기(완성).sb3

조건

- 위쪽/아래쪽 화살표 키를 누르면 위쪽/아래쪽으로 '5'만큼 이동하기
- 오른쪽/왼쪽 화살표 키를 누르면 해당 방향을 바라보고 해당 방향으로 '5'만큼 이동하기
- 사용 블록

05강 드론으로 우주 탐사하기

학습
목표

● 스프라이트를 무한히 회전시킬 수 있습니다.
● 스프라이트를 반복 횟수만큼 이동시킬 수 있습니다.
● 특정 시간 동안 정해진 동작을 반복 실행할 수 있습니다.

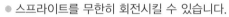
📁 [실습파일] 우주탐사드론.sb3   📁 [완성파일] 우주탐사드론(완성).sb3

 우리가 직접 가기 힘든 곳까지 날아가서 카메라로 촬영할 수 있는 드론으로 우주를 탐사할 수 있습니다. 스프라이트에게 반복적으로 명령을 내릴 수 있는 반복 블록은 무한 반복, 정해진 횟수만큼 반복, 조건을 만족할 때까지 반복이 있는데, 이 모두를 사용하여 우주를 탐사해 볼까요?

▲ 프로그램 시작 전에는 '행성'과 '드론', '로켓' 스프라이트가 무대에 보임

▲ '행성'은 무한히 회전하고, '로켓'은 오른쪽 위로 날아가다가 사라지고, '드론'은 10초 동안 좌우로 움직임

● 주요 블록			
무한 반복하기	감싸고 있는 블록들을 계속해서 반복 실행합니다.	10 번 반복하기	감싸고 있는 블록들을 입력한 횟수만큼 반복 실행합니다.
까지 반복하기	감싸고 있는 블록들을 조건을 만족할 때까지 반복 실행합니다.	◯ > 50	왼쪽의 값이 오른쪽의 값보다 큰 경우 '참'으로 판단합니다.

01 '우주탐사드론.sb3' 파일을 불러온 후 스프라이트 목록에서 '행성'을 선택해요.

02 이벤트 의 클릭했을 때 를 드래그하여 추가하고, 제어 의 무한 반복하기 를 아래에 연결해요.

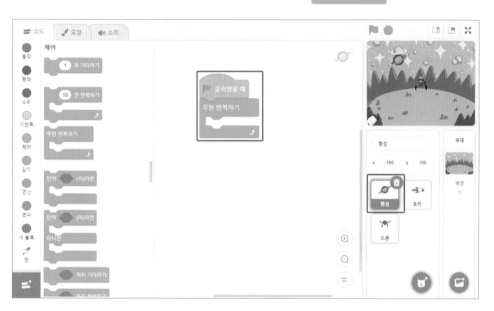

03 동작 의 방향으로 15 도 돌기 를 반복 블록 안에 끼워 넣고 각도를 '1'로 지정한 후, 10 만큼 움직이기 를 회전 블록 아래에 연결하고 거리를 '0.5'로 지정해요.

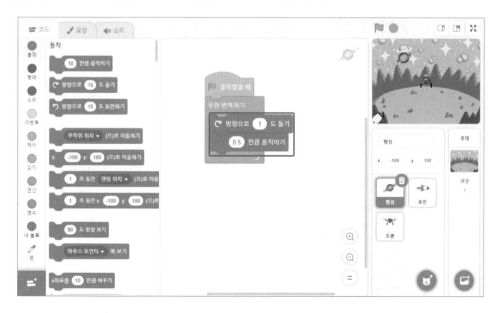

35

02 '로켓'을 반복 횟수만큼 오른쪽 위로 이동시키기

01 스프라이트 목록에서 '로켓'을 선택한 후 🔵 이벤트 의 🏳 클릭했을 때 를 드래그하여 추가해요.

02 🔵 동작 의 x: 0 y: 0 (으)로 이동하기 를 아래에 연결하여 x좌표를 '-240', y좌표를 '-180'으로 지정해요.

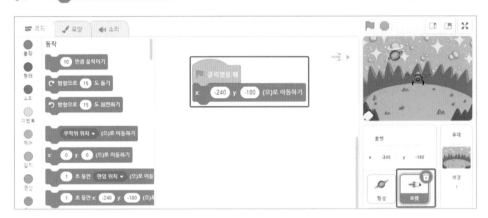

03 🔵 제어 의 10 번 반복하기 를 아래에 연결한 후 반복 횟수를 '120'으로 지정해요.

04 🔵 동작 의 90 도 방향 보기 를 반복 블록 안에 끼워 넣고 각도를 '45'도로 지정한 후 10 만큼 움직이기 를 아래에 연결하고 거리를 '5'로 지정해요.

로켓의 방향이 '0'도면 위쪽, '90'도면 오른쪽을 향하므로, '45'도면 오른 쪽 위를 향합니다.

01 스프라이트 목록에서 '드론'을 선택한 후 _{이벤트} 의 ⬛클릭했을 때 를 드래그하여 추가해요.

02 시작하기 버튼(🚩)을 클릭할 때마다 타이머를 0부터 시작하기 위해 _{감지} 의 타이머 초기화 를 아래에 연결해요.

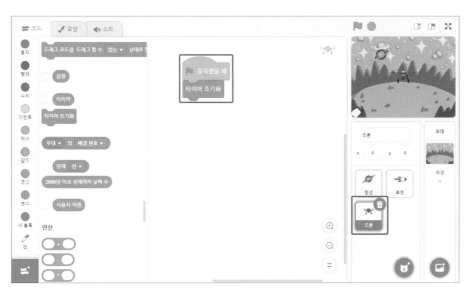

> 타이머는 초시계인데, 스크래치 프로그램이 실행되는 순간 작동합니다. 블록 팔레트에서 타이머 블록 왼쪽을 체크하면 무대에 타이머가 표시됩니다.

03 _{제어} 의 까지 반복하기 를 아래에 연결하고, _{연산} 의 ⬡ > 50 를 조건 부분에 끼워 넣어요.

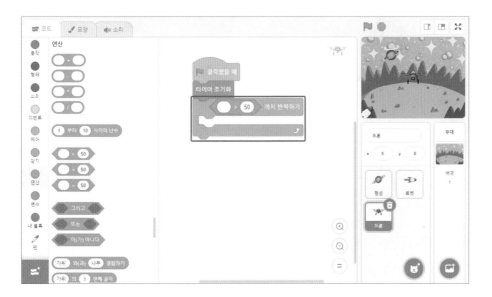

04 의 `타이머`를 부등호 왼쪽에 끼워 넣고, 부등호 오른쪽의 수를 '10'으로 지정해요.

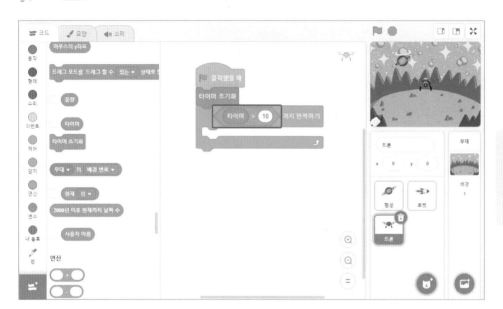

'타이머 > 10'까지 반복
하게 되면 10초까지 반
복되고, 10초가 지나는
순간 반복문을 빠져나옵
니다.

05 ● 의 `10 만큼 움직이기`를 반복 블록 안에 끼워 넣고 거리를 '3'으로 지정해요.

06 드론이 벽에 닿으면 팅겨서 반대 방향으로 이동하기 위해 `벽에 닿으면 팅기기`를 아래에 연결해요.

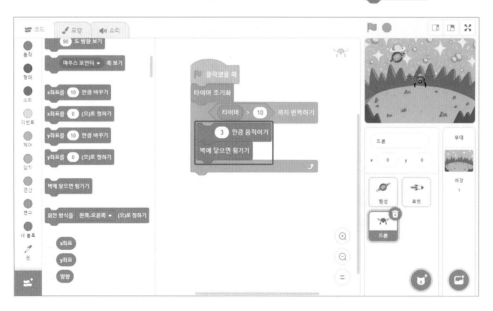

07 시작하기 버튼(🚩)을 클릭하여 행성과 로켓, 드론이 어떻게 움직이는지 확인해요.

01 다양한 반복 블록을 사용하여 '팅커벨', '구구', '비비'가 초원을 자유롭게 날아다닐 수 있도록 주어진 〈조건〉대로 스크립트를 완성해 보세요.

[실습파일] 팅커벨의 초대.sb3　　[완성파일] 팅커벨의 초대(완성).sb3

조건

- '팅커벨' 스프라이트가 지정된 위치에서 '1'도 회전하고 '1'만큼 움직이기를 무한 반복하기
- '구구' 스프라이트가 지정된 위치에서 위쪽으로 '2'만큼씩 '200'번 반복하여 움직이기
- '비비' 스프라이트가 '45'도 방향을 바라보고 '10'초가 될 때까지 '3'만큼 움직이고 벽에 닿으면 튕기기
- 사용 블록

02 조건을 만족할 때까지 반복 블록을 사용하여 경주에 승리할 수 있도록 주어진 〈조건〉대로 스크립트를 완성해 보세요.

[실습파일] 누가 누가 빠를까.sb3　　[완성파일] 누가 누가 빠를까(완성).sb3

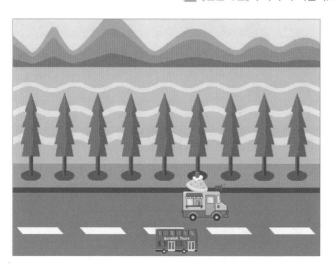

조건

- '버스' 스프라이트의 x좌표를 '-178', y좌표를 '-158'로 지정한 후 '2~7' 사이의 난수로 움직이고, 벽에 닿으면 튕기기를 '10'초가 될 때까지 반복하고 모두 멈추기
- '푸드 트럭' 스프라이트의 x좌표를 '-177', y좌표를 '-89'로 지정한 후 '2~7' 사이의 난수로 움직이고, 벽에 닿으면 튕기기를 '10'초가 될 때까지 반복하고 모두 멈추기
- 사용 블록

06강 로봇 청소기로 청소하기

학습 목표
● 스프라이트가 이동하는 경로를 따라 선을 그릴 수 있습니다.
● 스프라이트가 그린 선을 모두 지울 수 있습니다.
● 스프라이트가 그리는 선의 색과 굵기를 지정할 수 있습니다.

[실습파일] 로봇청소기.sb3   [완성파일] 로봇청소기(완성).sb3

 로봇 청소기는 스스로 움직이면서 구석구석 깨끗하게 청소를 해줍니다. 자동 버튼을 누르면 로봇 청소기가 알아서 청소해 주고, 수동 버튼을 누르면 여러분이 화살표 키를 눌러 로봇 청소기를 움직이면서 청소하도록 만들어 보겠습니다. 로봇 청소기로 청소하여 지저분한 방이 깨끗한 방으로 바꿔 볼까요?

▲ [자동]이나 [수동] 버튼을 클릭하면 로봇 청소기가 자동 또는 수동으로 움직이면서 지나간 자리가 깨끗해짐

▲ [자동]에서 일정 시간이 지나거나 [수동]에서 스페이스 키를 누르면 청소가 끝나고 깨끗한 방으로 배경이 바뀜

주요 블록

블록	설명	블록	설명
펜 내리기	스프라이트가 이동하는 경로를 따라 선을 그립니다.	모두 지우기	스프라이트가 그린 선과 도장을 모두 지웁니다.
펜 색깔을 ( )(으)로 정하기	스프라이트가 그리는 선의 색을 지정합니다.	펜 굵기를 1 (으)로 정하기	스프라이트가 그리는 선의 굵기를 지정합니다.

01 '로봇청소기.sb3' 파일을 불러온 후 스프라이트 목록에서 '로봇청소기'를 선택해요.

02 프로그램이 실행되면 기존에 그려져 있는 선을 모두 지우기 위해 _{이벤트} 의 클릭했을 때 를 드래그하여 추가하고, ✎ 의 모두 지우기 를 아래에 연결해요.

03 펜 색깔을 (으)로 정하기 를 아래에 연결하고 색깔 부분을 클릭한 후 채도와 명도의 슬라이더를 드래그 하여 채도는 '0'으로, 명도는 '100'으로 지정하고 코딩 영역의 빈 곳을 클릭해요.

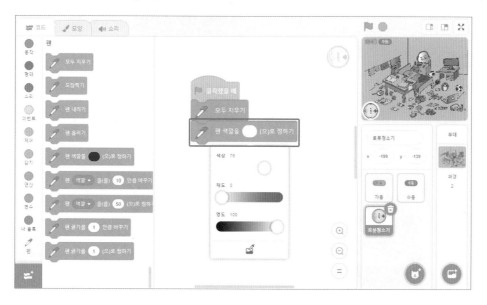

04 로봇 청소기의 크기와 비슷한 선이 그려지게 하기 위해 펜 굵기를 ① (으)로 정하기 를 아래에 연결하여 굵기를 '80'으로 지정한 후 펜 내리기 를 아래에 연결해요.

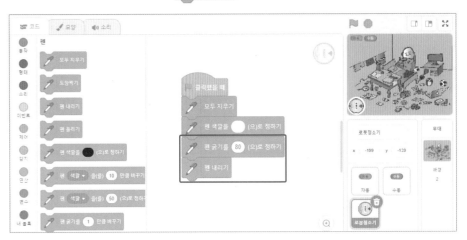

---

01 [수동] 버튼을 클릭했을 때 동작하는 스크립트를 만들기 위해 이벤트 의 수동 작동 ▼ 신호를 받았을 때 를 드래그하여 추가해요.

'자동 작동' 신호를 받으면 동작하는 스크립트는 이미 만들어져 있으며, 신호를 보내고 받는 기능은 10강에서 자세하게 배울 수 있습니다.

02 제어 의 무한 반복하기 를 아래에 연결한 후 만약 ◆ (이)라면 을 반복 블록 안에 끼워 넣어요.

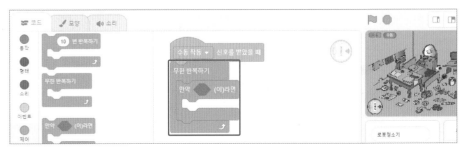

03 오른쪽 화살표 키를 누르면 동작시키기 위해 ⚪ 의 스페이스 ▾ 키를 눌렀는가? 를 조건 부분에 끼워 넣은 후 키를 '오른쪽 화살표'로 지정해요.

04 오른쪽으로 이동시키기 위해 ⚪ 의 x좌표를 10 만큼 바꾸기 를 조건 블록 안에 끼워 넣어요.

05 왼쪽 화살표 키를 누르면 왼쪽으로 이동시키기 위해 조건 블록을 마우스 오른쪽 버튼으로 클릭하여 [복사하기]를 선택해요.

06 복사된 블록을 반복 블록 안에 끼워 넣은 후 키를 '왼쪽 화살표'로, 거리를 '-10'으로 지정해요.

07 같은 방법으로 위쪽 화살표 키를 누르면 위쪽(y좌표)으로 10만큼 바꾸고, 아래쪽 화살표 키를 누르면 아래쪽(y좌표)으로 10만큼 바꾸도록 스크립트를 작성해요.

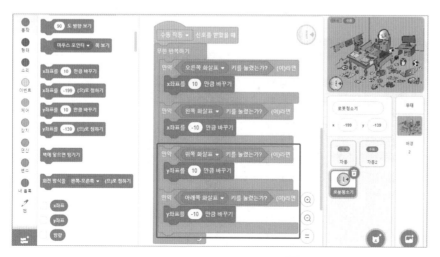

01 제어 의 만약 ◆ (이)라면 을 아래에 연결하고, 감지 의 스페이스 ▾ 키를 눌렀는가? 를 조건 부분에 끼워 넣어요.

02 의 모두 지우기 를 조건 블록 안에 끼워 넣어요.

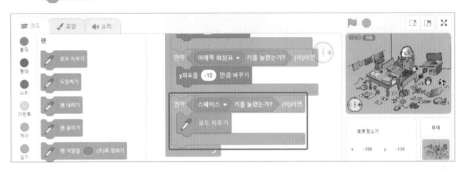

03 '로봇 청소기' 스프라이트의 다른 스크립트를 멈추기 위해 제어 의 멈추기 모두 ▾ 를 조건 블록 안에 끼워 넣고, '이 스프라이트에 있는 다른 스크립트'를 지정해요.

04 배경을 '깨끗한 방'으로 바꾸고 청소가 끝났음을 말하기 위해 형태 의 배경을 깨끗한 방 ▾ (으)로 바꾸기 를 조건 블록 안에 끼워 넣고, 안녕! 을(를) 2 초 동안 말하기 를 아래에 연결한 후 "청소 끝~~"을 입력해요.

혼 자 서 뚝 딱 뚝 딱

01 '자동버튼'이나 '수동버튼'을 누르면 'AI로봇' 스프라이트가 지나가는 길을 그리며 미로를 통과하도록 주어진 〈조건〉대로 스크립트를 완성해 보세요.

📁 [실습파일] 미로 찾는 AI.sb3   📁 [완성파일] 미로 찾는 AI(완성).sb3

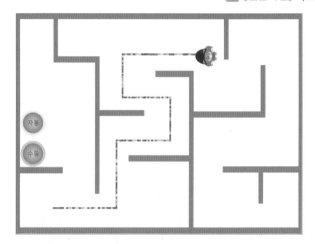

조건

- 'AI로봇' 스프라이트의 x좌표를 '−180', y좌표를 '−138'로 지정하고, 펜의 색깔을 '10~100' 사이의 난수로 바꾸며 펜 굵기를 '3'으로 정하기
- 미로에 닿으면 지정된 시작위치로 이동하고 펜을 모두 지우기
- 사용 블록

02 '홈런 수동' 버튼을 누르면 '선수' 스프라이트가 홈까지 방향키로 뛰어가도록 주어진 〈조건〉대로 스크립트를 완성해 보세요.

📁 [실습파일] 홈런.sb3
📁 [완성파일] 홈런(완성).sb3

조건

- 수동 버튼을 누르면 '선수' 스프라이트의 x좌표를 '−190', y좌표를 '200'으로 지정하고, 회전 방식을 '왼쪽-오른쪽'으로 정하기
- "방향키를 눌러 1, 2, 3루를 돌아 홈까지 뛰세요!"를 '2'초 동안 말하고 오른쪽 방향 보기
- 좌우 방향키를 누르면 해당 방향을 보고 '10' 만큼 바꾸기
- 비교 연산자 블록을 사용하여 3루 왼쪽 벽에 닿으면 배경을 'Baseball 1'로 바꾸고 '1'초 동안 홈 위치로 이동 후 "1점 획득!"을 '1'초 동안 말하기
- 사용 블록

45

07강 피아노를 연주해요!

학습 목표

- 음악 기능을 추가할 수 있습니다.
- 악기를 지정하고 원하는 음을 원하는 박자로 연주할 수 있습니다.
- 크기 변경 블록과 기다리기 블록을 활용하여 건반을 누른 효과를 표현할 수 있습니다.

📁 [실습파일] 피아노연주.sb3　　📁 [완성파일] 피아노연주(완성).sb3

 스크래치로 다양한 악기를 연주할 수 있답니다! 모두 39개의 악기가 지원되는데, 이번 차시에는 피아노 건반을 누르면 해당 음의 소리가 나게 만들어 보아요. 작품을 완성하고 나면 여러분이 알고 있는 곡을 연주해 보세요!

▲ 무대에 피아노 건반 12개가 준비되어 있음

▲ 건반을 클릭하면 건반이 순간 작아졌다가 원래대로 돌아오면서 해당 음을 연주함

● 주요 블록

이 스프라이트를 클릭했을 때	스프라이트를 클릭하면 아래에 연결된 블록들을 실행합니다.
악기를 (1) 피아노 ▾ (으)로 정하기	피아노, 오르간, 기타 등 연주할 악기를 지정합니다.
60 번 음을 0.25 박자로 연주하기	연주할 음과 박자를 지정하여 소리가 나게 합니다.

01 '피아노연주.sb3' 파일을 불러온 후 왼쪽 아래의 [확장 기능 추가하기()]를 클릭해요.

02 [확장 기능 고르기] 화면에서 '음악'을 클릭해요.

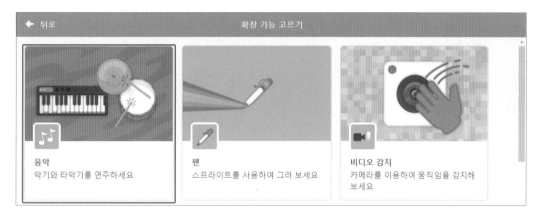

03 '음악' 기능이 추가되고, 음악 관련 블록들이 표시돼요.

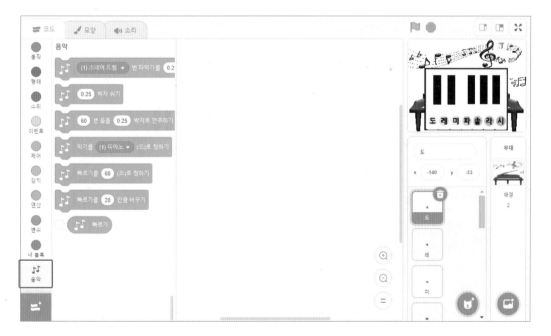

02 '도' 건반 코딩하기

01 스프라이트 목록에서 '도'를 선택한 후 ⚪ 의 `이 스프라이트를 클릭했을 때` 를 드래그하여 추가해요.

02 🎵 의 `악기를 (1) 피아노 ▾ (으)로 정하기` 를 아래에 연결해요.

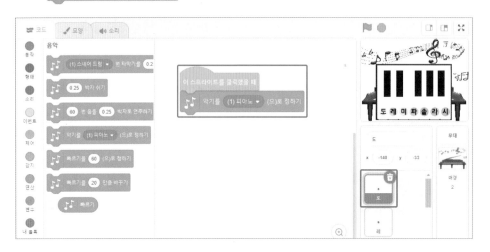

03 건반을 누르면 건반의 크기가 순간 작아졌다가 원래의 크기로 돌아오게 하기 위해 ⚪ 의 `크기를 10 만큼 바꾸기` 를 아래에 연결하고 크기를 '-5'로 지정해요.

04 ⚪ 의 `1 초 기다리기` 를 아래에 연결하여 시간을 '0.01'초로 지정한 후 ⚪ 의 `크기를 100 %로 정하기` 를 아래에 연결하여 크기를 '150%'로 지정해요.

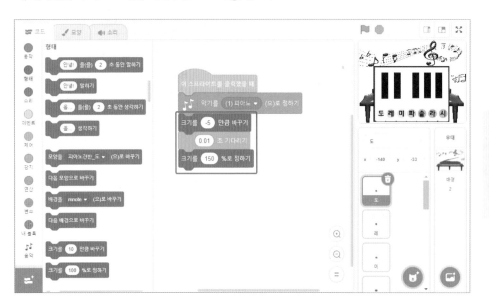

건반의 크기가 150%로 지정되어 있어서 '크기를 150%로 정하기' 블록을 사용했는데, '크기를 5만큼 바꾸기' 블록을 사용해도 됩니다.

05 ♫음악의 `60 번 음을 0.25 박자로 연주하기` 를 아래에 연결한 후 박자를 '0.5'로 지정해요.

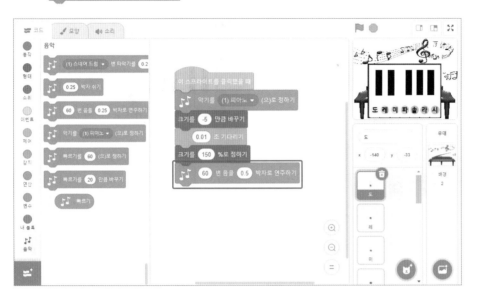

06 무대의 '도' 건반이나 코딩 영역의 블록을 클릭하여 스프라이트가 바뀌는 것과 소리가 나는 것을 확인해요.

03 스크립트 복사하기

01 '도' 스프라이트의 스크립트를 복사하기 위해 `이 스프라이트를 클릭했을 때` 를 '레', '미', '파', '솔', '라', '시', '도#', '레#', '파#', '솔#', '라#' 스프라이트로 각각 드래그해요.

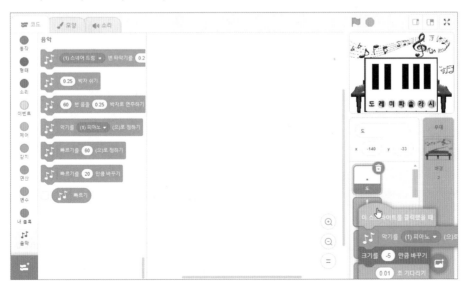

02 스프라이트 목록에서 '레'를 선택한 후 음 번호를 클릭하여 '레' 건반을 클릭하여 지정해요.

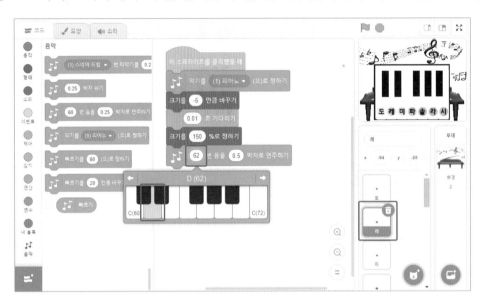

03 같은 방법으로 나머지 건반 스프라이트의 음 번호를 해당 건반으로 지정해요.

04 '도#', '레#', '파#', '솔#', '라#' 스프라이트의 크기는 '165'%로 지정해요.

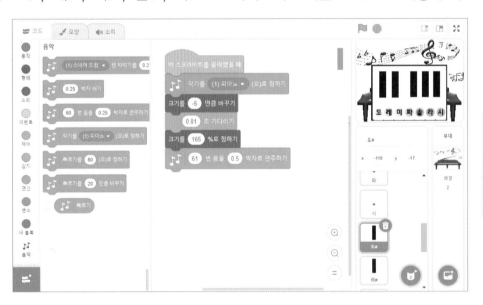

건반의 크기가 165%로 지정되어 있어서 '크기를 165%로 정하기' 블록을 사용했는데, '크기를 5만큼 바꾸기' 블록을 사용해도 됩니다.

05 시작하기 버튼(🏳)을 클릭하여 여러분이 알고 있는 곡이나 선생님이 보여주시는 악보를 보고 연주해 보세요.

01 3개의 '북' 스프라이트를 클릭하면 타악기가 연주되도록 주어진 〈조건〉대로 스크립트를 완성해 보세요.

📁 [실습파일] 드럼.sb3　📁 [완성파일] 드럼(완성).sb3

조건

- '북1' 스프라이트를 클릭하면 '(1)스네어 드럼'번 타악기를 '0.25' 박자로 연주하기
- '북2' 스프라이트를 클릭하면 '(2)베이스 드럼'번 타악기를 '0.25' 박자로 연주하기
- '북3' 스프라이트를 클릭하면 '(13)봉고'번 타악기를 '0.25' 박자로 연주하기
- 사용 블록

이 스프라이트를 클릭했을 때

🎵 (1) 스네어 드럼 ▼ 번 타악기를 0.25 박자로 연주하기

02 '냥냥이', '오리', '댕댕이' 스프라이트가 소리를 낼 수 있도록 주어진 〈조건〉대로 스크립트를 완성해 보세요.

📁 [실습파일] 동물소리.sb3　📁 [완성파일] 동물소리(완성).sb3

조건

- 1 키를 누르면 '냥냥이' 스프라이트가 'meow2' 소리를 재생하기
- 2 키를 누르면 '오리' 스프라이트가 'duck' 소리를 재생하기
- 3 키를 누르면 '댕댕이' 스프라이트가 'dog2' 소리를 재생하기
- 사용 블록

스페이스 ▼ 키를 눌렀을 때　　팝 ▼ 재생하기

08강 닭 쫓던 개 지붕 쳐다보듯

학습 목표
- 스프라이트의 모양을 바꿀 수 있습니다.
- 스프라이트가 다른 스프라이트나 마우스 포인터를 따라다니게 할 수 있습니다.
- 특정 조건을 만족하면 모두 멈추게 할 수 있습니다.

📁 [실습파일] 닭쫓던개.sb3   📁 [완성파일] 닭쫓던개(완성).sb3

 '닭 쫓던 개 지붕 쳐다보듯'이라는 속담의 뜻을 알고 있나요? 개에게 쫓기던 닭이 지붕 위로 올라가 버리자 개가 쫓아 올라가지 못하고 지붕만 쳐다보듯이 애써 하던 일이 실패로 돌아간 것을 의미합니다. 개에게 잡히지 않도록 마우스 포인터를 움직여 닭이 지붕까지 도망가도록 만들어 볼까요?

▲ 프로그램 실행 전에는 강아지가 집 앞에 앉아 있고 암탉과 수탉이 멀리 있음

▲ 암탉은 사라지고 수탉을 쫓아오는 강아지를 피해 지붕 위에 올라가면 게임이 종료됨

주요 블록

블록	설명	블록	설명
모양을 모양 2 ▼ (으)로 바꾸기	스프라이트의 모양을 지정한 모양으로 바꿉니다.	마우스 포인터 ▼ 쪽 보기	스프라이트가 마우스 포인터나 다른 스프라이트를 바라보도록 회전합니다.
무작위 위치 ▼ (으)로 이동하기	스프라이트가 지정한 위치로 이동합니다.	마우스 포인터 ▼ 에 닿았는가?	마우스 포인터나 벽, 다른 스프라이트에 닿은 경우 '참'으로 판단합니다.

01 '닭쫓던개.sb3' 파일을 불러온 후 스프라이트 목록에서 'Puppy'를 선택해요.

02 이벤트 의 `클릭했을 때` 를 드래그하여 추가하고, 동작 의 `x: 0 y: 0 (으)로 이동하기` 와 `90 도 방향 보기` 를 아래에
연결한 후 x좌표를 '-120', y좌표를 '-112'로 지정해요.

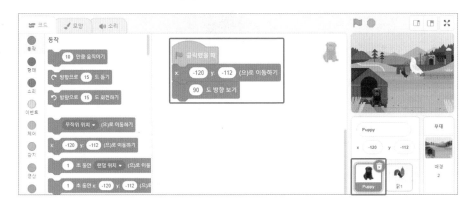

> 프로그램이 시작되었을 때
> 'Puppy'의 시작 위치와 바
> 라보는 방향을 설정합니다.

03 형태 의 `모양을 모양 2 ▼ (으)로 바꾸기` 를 아래에 연결하여 모양을 'puppy sit'으로 지정하고, 제어 의
`1 초 기다리기` 를 아래에 연결하여 시간을 '2'초로 지정해요.

04 제어 의 `10 번 반복하기` 를 아래에 연결하여 반복 횟수를 '3'으로 지정하고, 형태 의 `다음 모양으로 바꾸기` 와 제어
의 `1 초 기다리기` 를 반복 블록 안에 끼워 넣은 후 시간을 '0.3'초로 지정해요.

> 'Puppy'가 일어나며 움직
> 이기 시작하는 모습을 표현
> 합니다.

05 의 무한 반복하기 를 아래에 연결하고, 의 마우스 포인터 ▾ 쪽 보기 를 반복 블록 안에 끼워 넣은 후 대상을 '닭1'로 지정해요.

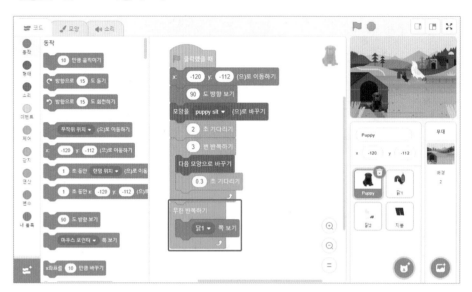

'Puppy'가 계속해서 '닭1'을 바라보게 합니다.

06 의 10 만큼 움직이기 를 반복 블록 안에 끼워 넣고 의 1 부터 10 사이의 난수 를 값 부분에 끼워 넣은 후 난수 범위를 '1'부터 '2' 사이로 지정해요.

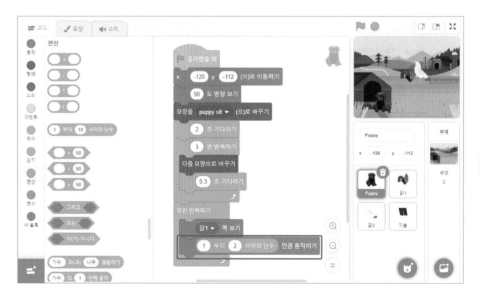

'Puppy'가 계속해서 다른 속도로 '닭1'을 따라다니게 합니다.

01 스프라이트 목록에서 '닭1'을 선택해요.

02 의 클릭했을 때 를 드래그하여 추가하고, 동작 의 x: 0 y: 0 (으)로 이동하기 와 90 도 방향 보기 를 아래에 연결한 후 x좌표를 '4', y좌표를 '11'로 지정해요.

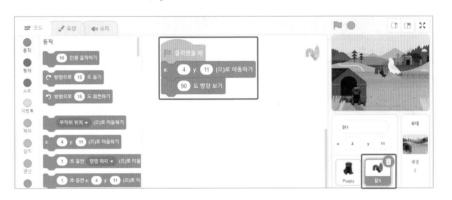

프로그램이 시작되었을 때 '닭'의 시작 위치와 바라보는 방향을 설정해 주어야 합니다.

03 의 모양을 모양2 ▼ (으)로 바꾸기 를 아래에 연결하여 모양을 'rooster-c'로 지정하고, 안녕! 을(를) 2 초 동안 말하기 를 아래에 연결하여 내용에 "꼬끼오~~~"를 입력해요.

04 의 무한 반복하기 를 아래에 연결하고, 형태 의 모양을 모양2 ▼ (으)로 바꾸기 를 반복 블록 안에 끼워 넣은 후 모양을 'rooster-a'로 지정해요.

05 마우스 포인터를 따라다니게 하기 위해 ⬤ 의 [마우스 포인터 ▾ 쪽 보기] 와 [무작위 위치 ▾ (으)로 이동하기] 를 반복 블록 안에 끼워 넣은 후 위치를 '마우스 포인터'로 지정해요.

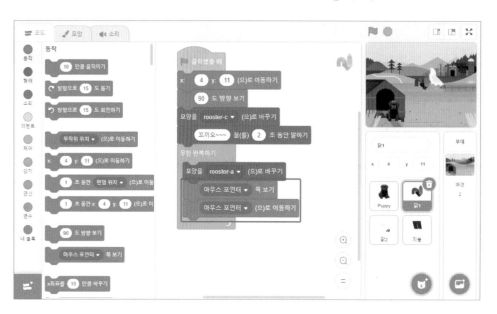

06 'Puppy'에 닿으면 모두 멈추게 하기 위해 ⬤ 의 [만약 ◇ (이)라면] 을 반복 블록 안에 끼워 넣은 후 ⬤ 의 < 마우스 포인터 ▾ 에 닿았는가? > 를 조건 부분에 끼워 넣어 대상을 'Puppy'로 지정해요.

07 ⬤ 의 [멈추기 모두 ▾] 를 조건 블록 안에 끼워 넣어요.

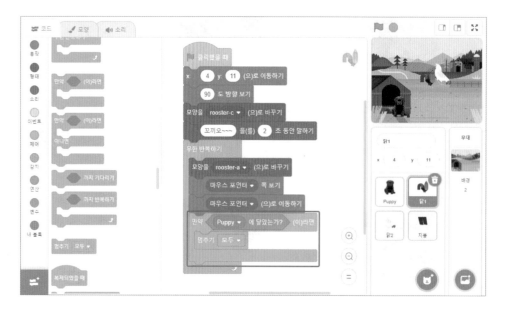

03 닭이 지붕에 닿으면 모두 멈추게 하기

01 이벤트 의 클릭했을 때 를 드래그하여 추가하고, 제어 의 무한 반복하기 를 아래에 연결해요.

02 만약 (이)라면 을 반복 블록 안에 끼워 넣은 후 감지 의 마우스 포인터 ▼ 에 닿았는가? 를 조건 부분에 끼워 넣어 대상을 '지붕'으로 지정해요.

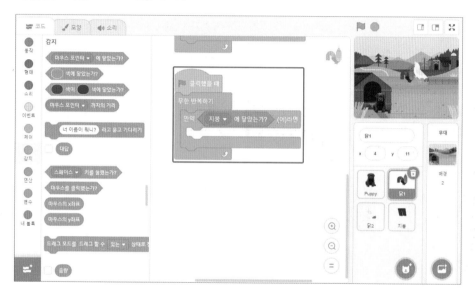

'지붕' 스프라이트는 오른쪽 위의 지붕 가운데에 위치해 있습니다.

03 형태 의 모양을 모양 2 (으)로 바꾸기 를 조건 블록 안에 끼워 넣어 모양을 'rooster-c'로 지정하고, 동작 의 90 도 방향 보기 와 제어 의 멈추기 모두 ▼ 를 반복 블록 안에 끼워 넣어요.

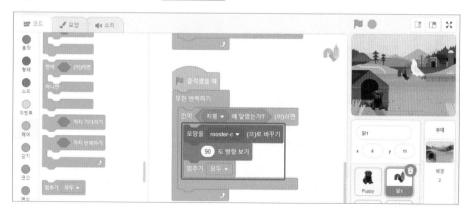

04 시작하기 버튼( )을 클릭하여 '닭1'이 'Puppy'를 피해 지붕까지 가도록 마우스로 움직여 보세요.

01 '지붕' 스프라이트를 복사하여 두 개로 만들고 '닭1' 스프라이트가 두 개의 지붕 중 어떤 지붕에 닿아도 'puppy'가 쫓아오지 못하도록 주어진 〈조건〉대로 스크립트를 완성해 보세요.

📁 [실습파일] 닭쫓던개-1.sb3   📁 [완성파일] 닭쫓던개-1(완성).sb3

> **조건**
> - '지붕' 스프라이트를 복사하여 '지붕2' 스프라이트 만들기
> - '닭1' 스프라이트가 '지붕'이나 '지붕2' 스프라이트에 닿았다면 모양을 'rooster-c'로 바꾸고 오른쪽 방향을 본 후 모두 멈추기
> - 사용 블록
>
> 또는 | 마우스 포인터 ▼ 에 닿았는가?
>
> 멈추기 모두 ▼ | 모양을 모양 2 ▼ (으)로 바꾸기

02 '찍찍이' 스프라이트가 마우스 포인터를 따라 고양이를 피해 다니다가 '고양이' 스프라이트에 닿으면 모두 멈추도록 주어진 〈조건〉대로 스크립트를 완성해 보세요.

📁 [실습파일] 심심해! 놀아줘.sb3   📁 [완성파일] 심심해! 놀아줘(완성).sb3

> **조건**
> - '찍찍이' 스프라이트의 x좌표를 '8', y좌표를 '55'로 지정한 후 "심심해! 같이 놀자~"를 2초 동안 말하기
> - 계속해서 '0.2'초마다 다음 모양으로 바꾸기
> - 마우스 포인터 쪽을 보고 이동하다가 '냥냥이'에 닿으면 모두 멈추기
> - 사용 블록
>
> 마우스 포인터 ▼ 쪽 보기 | 무작위 위치 ▼ (으)로 이동하기
>
> 마우스 포인터 ▼ 에 닿았는가? | 멈추기 모두 ▼

09강 승부차기 게임하기

학습 목표
● 스프라이트의 모양을 바꿀 수 있습니다.
● 스프라이트를 맨 앞쪽으로 가져오거나 맨 뒤쪽으로 보낼 수 있습니다.
● 범위를 지정하고 범위 내에서 임의의 수를 선택할 수 있습니다.

📁 [실습파일] 승부차기.sb3   📁 [완성파일] 승부차기(완성).sb3

 축구 경기에서 전반전, 후반전에 이어 연장전까지 갔는데도 승부가 나지 않으면 승부차기를 통해 승부를 가려요. 공격수가 페널티킥을 차면 골키퍼가 공을 막는 게임을 만들어 볼까요?

▲ 프로그램 시작 전에는 '심판', '공격수', '골키퍼', '축구공'이 시작 위치에 위치함

▲ '심판'의 신호에 따라 '공격수'가 공을 차면 '축구공'이 움직이면 '골키퍼'가 빠르게 이동하여 공을 막음

주요 블록

1 초 동안 x: 0 y: 0 (으)로 이동하기	입력한 시간 동안 입력한 x와 y 좌표로 이동합니다.
1 초 동안 랜덤 위치 ▾ (으)로 이동하기	입력한 시간 동안 지정한 위치로 이동합니다.
맨 앞쪽 ▾ 으로 순서 바꾸기	스프라이트를 맨 앞쪽으로 가져오거나 맨 뒤쪽으로 보냅니다.
1 부터 10 사이의 난수	입력된 두 수 사이에서 선택된 무작위 수입니다.

01 '승부차기.sb3' 파일을 불러온 후 스프라이트 목록에서 '심판'을 선택해요.

02 형태의 모양을 모양 2 ▼ (으)로 바꾸기 를 아래에 연결하여 모양을 '심판-1'로 지정해요.

03 안녕! 을(를) 2 초 동안 말하기 를 아래에 연결하여 "승부차기!"를 입력해요.

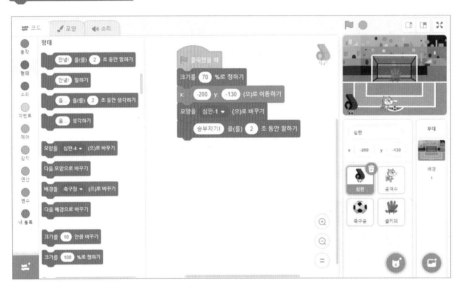

'심판'의 크기와 시작 위치가 지정되어 있습니다.

04 제어의 1 초 기다리기 블록을 아래에 연결하여 시간을 '6'초로 지정해요.

05 모양을 모양 2 ▼ (으)로 바꾸기 를 아래에 연결하여 모양을 '심판-3'으로 지정하고, 안녕! 을(를) 2 초 동안 말하기 를 아래에 연결하여 "노골!"을 입력해요.

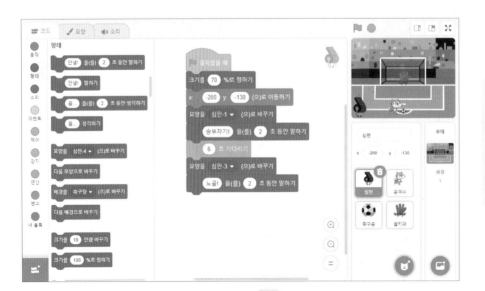

6초를 기다리는 이유는 '공격수'가 2초 생각하고, '축구공'이 2초 이동하고, '골키퍼'가 공을 막고 1초 후에 "야호!"를 말하면 1초 후에 모양을 바꾸고 "노골!"을 말하기 위해서입니다.

01 스프라이트 목록에서 '공격수'를 선택해요.

02 형태의 모양을 모양 2 ▾ (으)로 바꾸기 를 아래에 연결하고, 제어의 1 초 기다리기 블록을 아래에 연결하여 시간을 '2'
초로 지정해요.

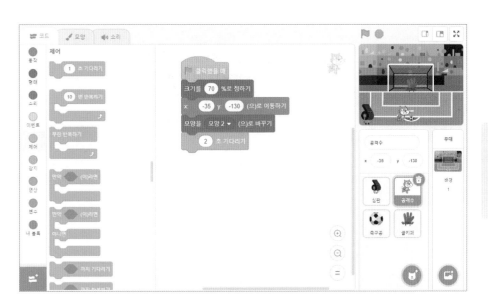

> '공격수'의 크기와 시작 위치가 지정되어 있습니다. 2초를 기다리는 이유는 '심판'이 2초 동안 말할 때 기다리기 위해서입니다.

03 형태의 을... 을(를) 2 초 동안 생각하기 를 아래에 연결하여 "어디로 찰까"를 입력하고, 모양을 모양 2 ▾ (으)로 바꾸기 를 아래에 연결하여 모양을 '모양-1'로 지정해요.

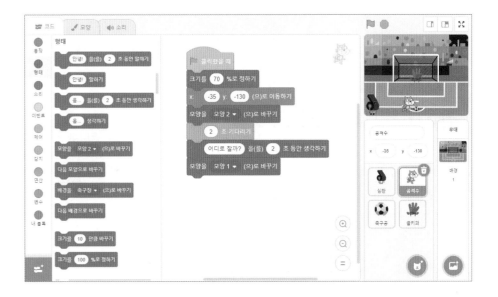

03 '축구공' 코딩하기

01 스프라이트 목록에서 '축구공'을 선택해요.

02 의 [1 초 기다리기] 블록을 아래에 연결하여 시간을 '2'초로 지정하고, 의 [1 초 동안 x: 0 y: 0 (으)로 이동하기]를 아래에 연결하여 시간을 '2'초로 지정해요.

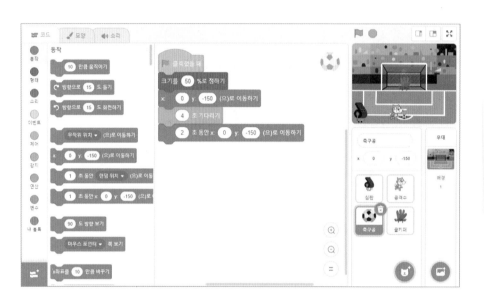

'축구공'의 크기와 시작 위치가 지정되어 있습니다. 4초를 기다리는 이유는 '심판'이 2초 말하고, '공격수'가 2초 생각하고 모양을 바꾸면 이동하기 위해서입니다.

03 x좌표에 의 [1 부터 10 사이의 난수]를 끼워 넣어 난수 범위를 '−100'부터 '100' 사이로 지정하고, y좌표를 '0'으로 지정해요.

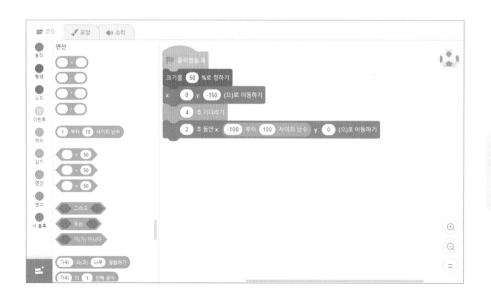

축구공이 골대 사이의 임의의 위치로 이동하도록 x좌표의 값을 '−100'부터 '100' 사이로 지정합니다.

04 '골키퍼' 코딩하기

01 스프라이트 목록에서 '골키퍼'를 선택해요.

02 형태의 `모양을 모양2 ▼ (으)로 바꾸기` 를 아래에 연결하여 모양을 '골키퍼-1'로 지정하고, `맨 앞쪽 ▼ 으로 순서 바꾸기` 를 아래에 연결하여 '뒤쪽'으로 지정해요.

> '골키퍼'의 크기와 시작 위치가 지정되어 있습니다. '골키퍼'가 '축구공'을 잡는 모습을 표현하기 위해 '골키퍼'를 맨 뒤쪽으로 보냅니다.

03 제어의 `1 초 기다리기` 블록을 아래에 연결하여 시간을 '6'초로 지정해요.

04 형태의 `모양을 모양2 ▼ (으)로 바꾸기` 를 아래에 연결하여 모양을 '골키퍼-2'로 지정하고,

동작의 `1 초 동안 랜덤 위치 ▼ (으)로 이동하기` 를 아래에 연결하여 위치를 '축구공'으로 연결해요.

> 6초를 기다리는 이유는 '심판'이 2초 말하고, '공격수'가 2초 생각하고, '축구공'이 2초 이동하면 모양을 바꾸고 이동하기 위해서입니다.

05 제어의 `1 초 기다리기` 블록을 아래에 연결하고, 형태의 `안녕! 을(를) 2 초 동안 말하기` 를 아래에 연결하여 "야호!"를 입력해요.

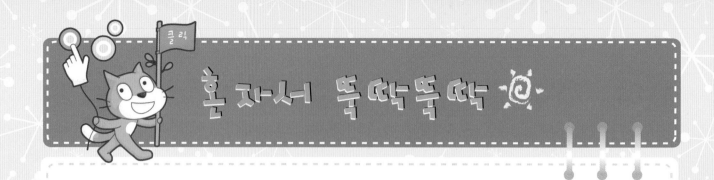

01 축구공이 위아래로 임의의 위치로 이동하도록 주어진 〈조건〉대로 스크립트를 완성해 보세요.

📁 [실습파일] 승부차기-1.sb3　　📁 [완성파일] 승부차기-1(완성).sb3

조건

• '축구공'의 y좌표 범위: −20 ～ 75
• 사용 블록

　`1 부터 10 사이의 난수`

02 야구공이 투수의 손을 떠나 포수의 글러브 쪽으로 날아가다가 타자가 치는 순간 임의의 위치로 이동하도록 주어진 〈조건〉대로 스크립트를 완성해 보세요.

📁 [실습파일] 야구.sb3　　📁 [완성파일] 야구(완성).sb3

조건

• '1'초 동안 x좌표 '0', y좌표 '50'으로 이동하기
• '1'초 동안 이동하는 범위
　− x좌표: −240 ～ 240
　− y좌표: −40 ～ −180
• 사용 블록

　`1 부터 10 사이의 난수`

10강 똥 피하기 게임하기

학습
목표

- 오른쪽/왼쪽 화살표 키를 눌러 스프라이트를 이동시킬 수 있습니다.
- 한 스프라이트가 다른 스프라이트에 닿으면 소리를 내고 모두 멈추게 할 수 있습니다.
- 신호를 보내고 신호를 받았을 때 특정 동작을 실행시킬 수 있습니다.

📁 [실습파일] 똥피하기.sb3   📁 [완성파일] 똥피하기(완성).sb3

 하늘에서 똥이 떨어지는 상황이라면 생각만 해도 끔찍하겠죠? 주인공인 냐옹이가 떨어지는 똥을 피하도록 왼쪽과 오른쪽 화살표 키를 재빠르게 눌러 주세요. 위급한 상황이 발생하면 스페이스 키를 눌러 방어막을 사용할 수 있어요. 똥 피하기 게임을 만들고 신나게 놀아 볼까요?

▲ 왼쪽 화살표 키와 오른쪽 화살표 키를 눌러 똥을 피하고, 스 페이스 키를 누르면 방어막이 나타남

▲ 냐옹이가 똥에 닿으면 깜짝 놀라는 소리를 내고 게임이 종료됨

주요 블록

블록	설명	블록	설명
x좌표를 0 (으)로 정하기	스프라이트를 입력한 x좌표로 이동합니다.	회전 방식을 왼쪽-오른쪽 ▼ (으)로 정하기	회전 방식을 왼쪽–오른쪽, 회전하지 않기, 회전하기 중의 하나로 정합니다.
야옹 ▼ 끝까지 재생하기	선택한 소리를 끝까지 재생한 후 다음 블록을 실행합니다.	메시지1 ▼ 신호 보내기	선택한 신호를 보냅니다.
메시지1 ▼ 신호를 받았을 때	선택한 신호를 받으면 아래에 연 결된 블록들을 실행합니다.	타이머 초기화	타이머의 값을 0으로 초기화합니다.

01 똥을 피하는 냐옹이 만들기

01 '똥피하기.sb3' 파일을 불러온 후 스프라이트 목록에서 '냐옹이'를 선택해요.

02 이벤트 의 `클릭했을 때` 를 드래그하여 추가하고, 동작 의 `x좌표를 0 (으)로 정하기` 를 아래에 연결하여 x좌표를 '-100'으로 지정한 후 `회전 방식을 왼쪽-오른쪽 ▼ (으)로 정하기` 를 아래에 연결해요.

프로그램이 시작되었을 때 '냐옹이'의 시작 위치와 회전 방식을 설정합니다.

03 오른쪽 화살표 키를 누를 때마다 동작을 지정하기 위해 제어 의 `무한 반복하기` 를 아래에 연결해요.

04 `만약 (이)라면` 을 반복 블록 안에 끼워 넣고, 감지 의 `스페이스 ▼ 키를 눌렀는가?` 를 조건 부분에 끼워 넣어 키를 '오른쪽 화살표'로 지정해요.

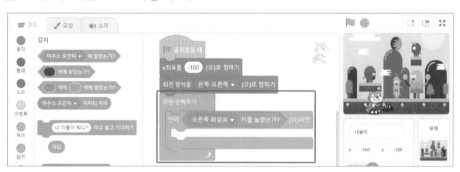

05 동작 의 `90 도 방향 보기` 를 조건 블록 안에 끼워 넣고, `10 만큼 움직이기` 를 아래에 연결한 후 형태 의 `다음 모양으로 바꾸기` 를 아래에 연결해요.

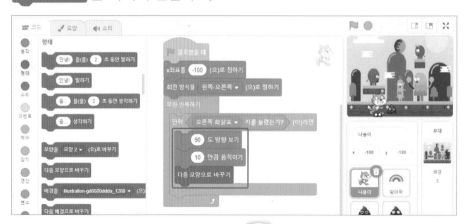

06 조건 블록을 마우스 오른쪽 버튼으로 클릭하여 [복사하기]를 선택한 후 복사된 블록을 조건 블록 아래에 끼워 넣어요.

07 추가된 블록에서 키를 '왼쪽 화살표'로, 방향을 '-90'도로 지정해요.

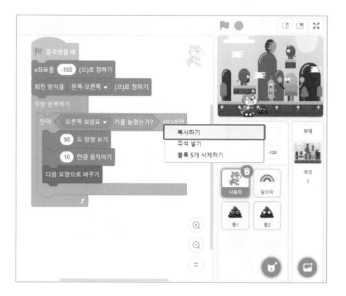 

08  의 `만약 ◇ (이)라면` 을 반복 블록 안에 끼워 넣고, 의 `스페이스 ▾ 키를 눌렀는가?` 를 조건 부분에 끼워 넣어요.

09 의 `메시지1 ▾ 신호 보내기` 를 조건 블록 안에 끼워 넣고, '메시지1'을 클릭하여 [새로운 메시지]를 클릭한 후 메시지 이름에 "방어막작동"을 입력하고 [확인]을 클릭해요.

  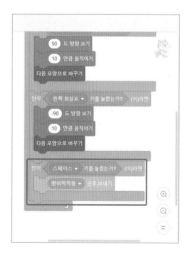

01 제어의 `만약 (이)라면` 을 반복 블록 안에 끼워 넣고, 감지의 `색에 닿았는가?` 를 조건 부분에 끼워 넣은 후 색을 클릭하고 스포이트 아이콘을 클릭해요·

02 무대에서 '똥1'이나 '똥2'의 똥색 부분을 클릭하여 색을 지정해요.

03 소리의 `야옹 ▾ 끝까지 재생하기` 를 조건 블록 안에 끼워 넣고 소리를 추가하기 위해 왼쪽 위의 [소리] 탭을 누릅니다.

04 왼쪽 아래의 소리 고르기 아이콘을 클릭합니다.

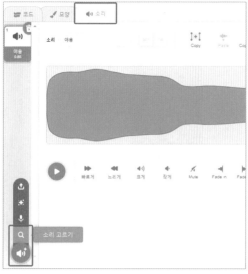

05 'Zip'을 선택하고 [코드] 탭을 누른 후 소리 블록의 '야옹'을 클릭하여 'Zip'을 선택해요.

 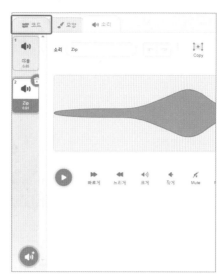 

06 제어 의 멈추기 모두 ▼ 를 조건 블록 안에 끼워 넣어요.

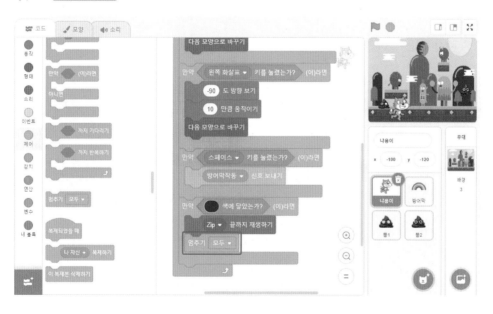

01 스프라이트 목록에서 '방어막'을 선택한 후 ⬤ 이벤트 의 방어막작동 ▾ 신호를 받았을 때 를 드래그하여 추가하고, ⬤ 감지 의 타이머 초기화 를 아래에 연결해요.

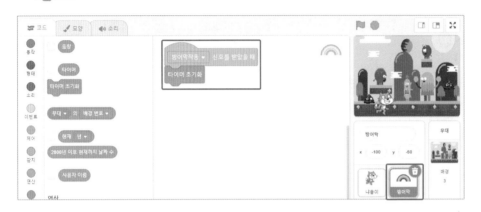

02 ⬤ 제어 의 까지 반복하기 를 아래에 연결한 후, ⬤ 연산 의 ◯ < 50 를 조건 부분에 끼워 넣어 부등호의 왼쪽에는 '2'를 입력하고 오른쪽에는 ⬤ 감지 의 타이머 를 끼워 넣어요.

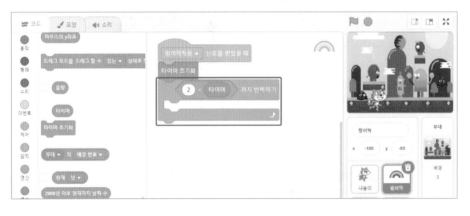

'2 < 타이머'까지 반복하게 되면 2초까지 반복되고, 2초가 지나는 순간 반복문을 빠져나옵니다.

03 ⬤ 형태 의 보이기 를 반복 블록 안에 끼워 넣고, 숨기기 를 조건 블록 아래에 연결해요.

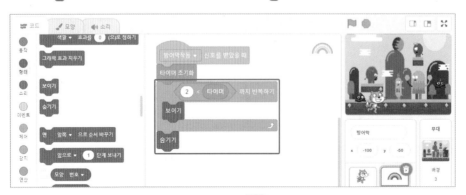

01 '겁쟁이 유령' 스프라이트는 박쥐를 무서워해요. '박쥐' 스프라이트가 하늘에서 계속 떨어질 수 있도록 주어진 〈조건〉대로 스크립트를 완성해 보세요.

📁 [실습파일] 겁쟁이 유령.sb3　📁 [완성파일] 겁쟁이 유령(완성).sb3

조건

• '박쥐' 스프라이트가 숨어 있다가 '0.01~1'초 사이의 난수만큼 기다렸다가 보이기

• x좌표를 '-220~220' 사이의 난수로, y좌표를 '160'으로 이동하고 무대 위에서 '0.5'초마다 모양을 바꾸기를 계속 반복하기

• 조건이 있는 반복 블록을 사용하여 y좌표가 '-180'보다 작을 때까지 y좌표를 '-15~-5' 사이의 난수로 내려가기

• 만약 '겁쟁이 유령' 스프라이트에 닿았다면 'owl' 소리를 끝까지 재생하고 모두 멈추기

• 사용 블록

02 '축구선수' 스프라이트가 날아오는 터진 공을 피할 수 있도록 주어진 〈조건〉대로 스크립트를 완성해 보세요.

📁 [실습파일] 터진공 피하기.sb3　📁 [완성파일] 터진공 피하기(완성).sb3

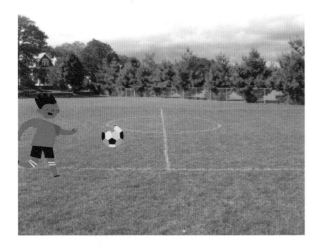

조건

• '터진 공' 스프라이트가 숨어 있다가 '0.01~2' 초 사이의 난수만큼 기다렸다가 보이기

• x좌표를 '220', y좌표를 '-180~180' 사이의 난수로 이동하기

• 오른쪽 벽에서 왼쪽 벽에 닿을 때까지 x좌표를 '-10~1' 사이의 난수로 바꾸기

• 만약 '축구선수' 스프라이트에 닿았다면 'basketball bounce' 소리를 끝까지 재생하고 숨기기

• 사용 블록

11강 신비하고 재미있는 사파리 이야기

학습 목표
- 무대의 배경이 바뀌도록 만들 수 있습니다.
- 배경 음악이 계속해서 연주되게 할 수 있습니다.
- 스크립트를 다른 스프라이트로 복사할 수 있습니다.

📁 [실습파일] 사파리이야기.sb3   📁 [완성파일] 사파리이야기(완성).sb3

 사파리에는 어떤 동물들이 살고 있을까요? 사파리에 사는 동물 친구들을 클릭하면 자기소개를 하고, 그 동물의 생김새, 먹이, 특징을 자세하게 설명해 주는 학습 자료를 만들어 볼까요? 흥미진진한 배경 음악을 들으며 동물 친구들에 대해 알아보아요!

▲ 프로그램이 시작되면 배경 음악이 나오고 코끼리가 궁금한 동물을 클릭하라고 말함

▲ 동물을 클릭하면 해당 동물을 소개하는 배경으로 바뀌고, 홈 버튼을 누르면 다시 처음 배경으로 바뀜

주요 블록

블록	설명	블록	설명
배경을 배경 1 ▾ (으)로 바꾸기	배경을 선택한 배경으로 바꿉니다.	배경이 배경 ▾ (으)로 바뀌었을 때	배경이 선택한 배경으로 바뀌면 아래에 연결된 블록들을 실행합니다.
이 스프라이트를 클릭했을 때	스프라이트를 클릭하면 아래에 연결된 블록들을 실행합니다.	메시지1 ▾ 신호 보내기	선택한 신호를 보냅니다.
메시지1 ▾ 신호를 받았을 때	선택된 메시지 신호를 받으면 아래에 연결된 블록들을 실행합니다.		

01 '사파리이야기.sb3' 파일을 불러온 후 배경 영역에서 '배경 7'을 선택해요.

02 시작하기 버튼(🏳)을 클릭하면 '배경'을 보이게 하기 위해 ● 의 클릭했을 때 를 드래그하여 추가하고, ● 의 배경을 코끼리 ▾ (으)로 바꾸기 를 아래에 연결하여 배경을 '배경'으로 지정해요.

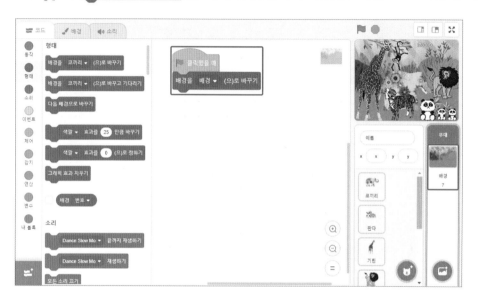

03 배경 음악이 계속 연주되도록 하기 위해 ● 의 무한 반복하기 를 아래에 연결하고, ● 의 ▾ 끝까지 재생하기 를 반복 블록 안에 끼워 넣어요.

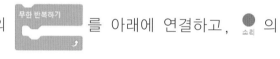

04 [소리] 탭을 눌러 소리 고르기 아이콘을 클릭하고, 'Dance Slow Mo'를 선택한 후 [코드] 탭을 눌러 소리 블록의 소리를 'Dance Slow Mo'로 지정해요.

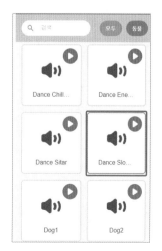

02 각 동물 스프라이트 코딩하기

01 스프라이트 목록에서 '코끼리'를 선택해요.

02 📡 의 [클릭했을 때] 를 드래그하여 추가하고, ● 의 [안녕! 을(를) 2 초 동안 말하기] 를 아래에 연결하여 내용에 "궁금한 동물을 클릭해봐~"를 입력해요.

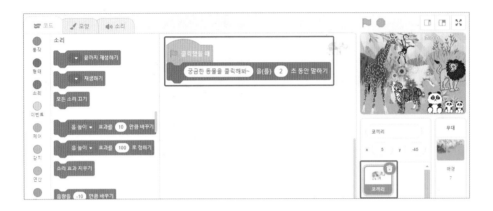

03 배경이 '배경'으로 바뀌면 보이게 하기 위해 📡 의 [배경이 배경 ▼ (으)로 바뀌었을 때] 를 드래그하여 추가하고, ● 의 [보이기] 를 아래에 연결해요.

04 '코끼리'뿐만 아니라 모든 동물 스프라이트가 배경이 '배경'으로 바뀌면 보이게 하기 위해 [배경이 배경 ▼ (으)로 바뀌었을 때] 를 스프라이트 목록의 '판다', '기린', '사자', '호랑이', '원숭이' 스프라이트로 드래그하여 스크립트를 복사해요.

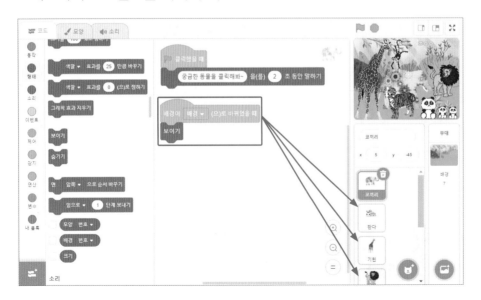

05 동물 스프라이트를 클릭하면 인사말을 하고 소개 배경으로 바꾸기 위해 의 이 스프라이트를 클릭했을 때 를 드래그하여 추가해요.

06 의 안녕! 을(를) 2 초 동안 말하기 를 아래에 연결하여 "안녕! 나는 코끼리야~ 반가워~"를 입력하고, 배경을 배경1 ▼ (으)로 바꾸기 를 아래에 연결하여 배경을 '코끼리'로 지정해요.

07 의 메시지1 ▼ 신호 보내기 를 아래에 연결하고, '메시지1'을 클릭하여 [새로운 메시지]를 클릭한 후 메시지 이름에 "코끼리"를 입력하고 [확인]을 클릭해요.

배경이 바뀌면 모든 동물 스프라이트에 신호를 보내어 숨기게 만듭니다.

08 같은 방법으로 '판다', '기린', '사자', '호랑이', '원숭이' 메시지를 만든 후 블록을 복제하여 다음과 같이 만들어요.

75

09 [이 스프라이트를 클릭했을 때]를 스프라이트 목록의 '판다', '기린', '사자', '호랑이', '원숭이' 스프라이트로 드래그하여 스크립트를 복사해요.

10 스프라이트별로 인사말과 배경을 다음과 같이 지정해요.

스프라이트	인사말	배경
판다	"안녕! 나는 판다야~ 아함~ 졸려~"	'판다'
기린	"안녕! 나는 기린이야~ 반가워~"	'기린'
사자	"어흥! 나는 밀림의 왕 사자야~"	'사자'
호랑이	"어흥! 나는 멋진 무늬가 있는 한국 호랑이야~"	'호랑이'
원숭이	"안녕! 나는 귀염둥이 원숭이야~ 반가워~"	'원숭이'

11 '코끼리' 스프라이트를 선택하고, [이벤트]의 [메시지1 ▾ 신호를 받았을 때]를 드래그하여 추가한 후 메시지를 '코끼리'로 지정해요.

12 [형태]의 [숨기기]를 아래에 연결해요.

13 '코끼리'뿐만 아니라 모든 동물 스프라이트가 신호를 받으면 숨기기 위해 [코끼리 ▾ 신호를 받았을 때]를 스프라이트 목록의 '판다', '기린', '사자', '호랑이', '원숭이' 스프라이트로 드래그하여 스크립트를 복사한 후, 신호를 다음과 같이 지정해요.

스프라이트	신호
판다	'판다'
기린	'기린'
사자	'사자'
호랑이	'호랑이'
원숭이	'원숭이'

01 유튜브 영상처럼 화면이 바뀔 때마다 전환 효과를 나타낼 수 있도록 주어진 〈조건〉대로 스크립트를 완성해 보세요.

[실습파일] 화면전환.sb3   [완성파일] 화면전환(완성).sb3

조건

- '배경' 스프라이트가 '다음이미지' 신호를 받았을 때 '픽셀화' 효과를 '10'만큼 바꾸기를 '10'번 반복하기
- 다음 배경으로 바꾼 후 '픽셀화' 효과를 '-10'만큼 바꾸기를 '10'번 반복하고 그래픽 효과 지우기
- '처음이미지' 신호를 받았을 때 배경을 '슬라이드1'로 바꾸기
- 사용 블록

메시지1 ▼ 신호를 받았을 때   색깔 ▼ 효과를 25 만큼 바꾸기

다음 배경으로 바꾸기   그래픽 효과 지우기

02 연속되는 그림이나 슬라이드를 차례대로 표시되도록 주어진 〈조건〉대로 스크립트를 완성해 보세요.

[실습파일] 동물 슬라이드쇼.sb3   [완성파일] 동물 슬라이드쇼(완성).sb3

조건

- '배경' 스프라이트가 '다음이미지' 신호를 받았을 때 '어안 렌즈' 효과를 '10'만큼 바꾸기를 '10'번 반복하기
- 다음 배경으로 바꾼 후 '픽셀화' 효과를 '-10'만큼 바꾸기를 '10'번 반복하고 그래픽 효과 지우기
- '처음이미지' 신호를 받았을 때 배경을 '강아지'로 바꾸고 색깔 효과를 '10'만큼 바꾸기를 '10'번, '-10'만큼 바꾸기를 '10'번 반복하고 그래픽 효과 지우기
- 사용 블록

메시지1 ▼ 신호를 받았을 때   색깔 ▼ 효과를 25 만큼 바꾸기

다음 배경으로 바꾸기   그래픽 효과 지우기

12강 디지털 아티스트가 되어 보자!

학습 목표
● 투명도 효과를 이용하여 스프라이트가 사라졌다 나타나게 할 수 있습니다.
● 밝기 효과를 이용하여 스프라이트가 반짝이게 할 수 있습니다.
● 색깔 효과와 소용돌이 효과로 스프라이트가 화려하게 바뀌게 할 수 있습니다.

📁 [실습파일] 디지털아티스트.sb3   📁 [완성파일] 디지털아티스트(완성).sb3

 크리스마스는 이름만 들어도 설렘으로 가득해지지 않나요? 컴퓨터로 그림을 그리는 예술가인 디지털 아티스트가 되어 크리스마스를 더욱더 신나고 화려하게 만들어 볼까요?

▲ 프로그램 시작 전에는 알록달록하고 예쁜 갖가지 크리스마스 장식이 보임

▲ 배경음악이 재생되면서 장식들이 회전, 색깔, 투명도, 밝기, 소용돌이 효과로 생동감이 넘침

주요 블록

↻ 방향으로 15 도 돌기	시계 방향으로 입력한 각도만큼 회전합니다.
색깔 ▾ 효과를 25 만큼 바꾸기	선택한 효과를 지정한 값만큼 바꿉니다.
색깔 ▾ 효과를 0 (으)로 정하기	선택한 효과를 지정한 값으로 정합니다.

01 '디지털아티스트.sb3' 파일을 불러온 후 스프라이트 목록에서 '메리크리스마스'를 선택해요.

02 이벤트 의 클릭했을 때 를 드래그하여 추가하고, 동작 의 x: 0 y: 0 (으)로 이동하기 를 아래에 연결하여 x좌표를 '−1', y좌표를 '−6'으로 지정한 후 90 도 방향 보기 를 아래에 연결해요.

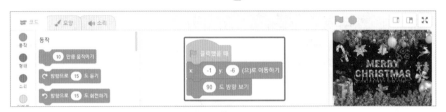

03 한 바퀴 돌게 하기 위해 제어 의 10 번 반복하기 를 연결하여 반복 횟수를 '20'으로 지정하고, 동작 의 방향으로 15 도 돌기 를 반복 블록 안에 끼워 넣어 각도를 '18'도로 지정한 후 제어 의 1 초 기다리기 를 연결하여 시간을 '0.1'초로 지정해요.

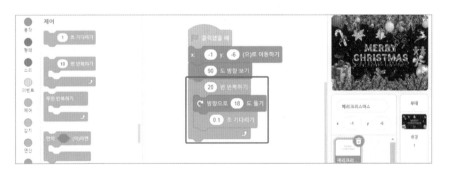

18도씩 20번을 돌면 360도, 즉 한 바퀴를 돌게 됩니다.

04 동작 의 90 도 방향 보기 와 제어 의 무한 반복하기 를 아래에 연결하고, 형태 의 색깔 ▾ 효과를 25 만큼 바꾸기 를 반복 블록 안에 끼워 넣어요.

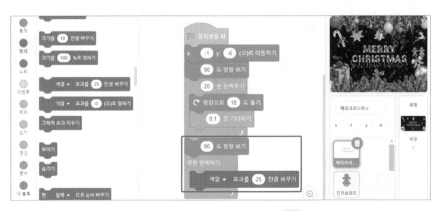

02 '투명도' 효과로 사라졌다 나타나게 하기

01 스프라이트 목록에서 '진저브레드'를 선택한 후 _{이벤트} 의 🏳클릭했을때 를 드래그하여 추가하고, _{제어} 의 무한 반복하기 를 아래에 연결해요.

02 '진저브레드'가 보이게 하기 위해 _{형태} 의 색깔▼ 효과를 ⓪ (으)로 정하기 를 반복 블록 안에 끼워 넣어 효과를 '투명도'로 지정하고, _{제어} 의 1 초 기다리기 를 아래에 연결하여 시간을 '0.5'초로 지정해요.

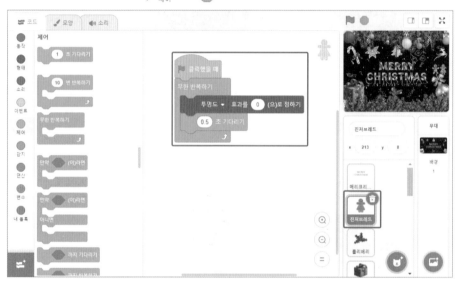

'투명도'는 0~100의 값을 지정할 수 있으며, 0으로 지정하면 스프라이트가 보이게 됩니다.

03 투명도 효과 블록을 마우스 오른쪽 버튼으로 클릭하여 [복사하기]를 선택하고, 복사된 블록을 아래에 연결해요.

04 '진저브레드'가 사라지게 하기 위해 투명도 효과 값을 '100'으로 지정하고, 시간을 '1'초로 지정해요.

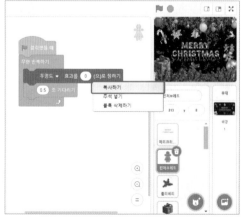

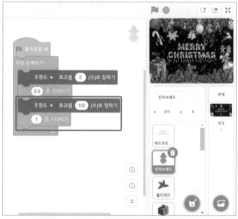

'투명도'를 100으로 지정하면 스프라이트가 사라지게 되며, 0.5초 동안 보였다가 1초 동안 사라지기를 무한 반복합니다.

01 스프라이트 목록에서 '홀리베리'를 선택한 후 이벤트 의 클릭했을때 를 드래그하여 추가하고, 제어 의

무한 반복하기 를 아래에 연결해요.

02 형태 의 색깔 ▾ 효과를 25 만큼 바꾸기 를 반복 블록 안에 끼워 넣어 효과를 '밝기'로, 값을 '50'으로 지정한

후, 제어 의 1 초 기다리기 를 아래에 연결하여 시간을 '0.5'초로 지정해요.

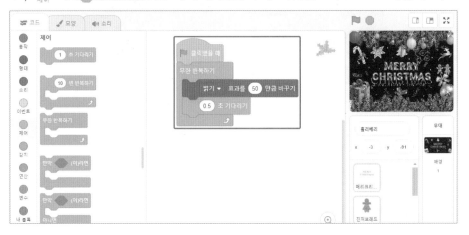

03 밝기 효과 블록을 마우스 오른쪽 버튼으로 클릭하여 [복사하기]를 선택하고, 복사된 블록을 아래에
연결해요.

04 밝기를 원래대로 되돌리기 위해 밝기 효과 값을 '-50'으로 지정하고, 시간을 '1'초로 지정해요.

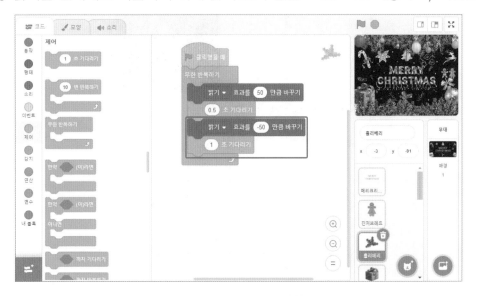

01 '홀리베리' 스프라이트의 스크립트를 복제하기 위해 를 스프라이트 목록의 '장식볼' 스프라이트로 드래그해요.

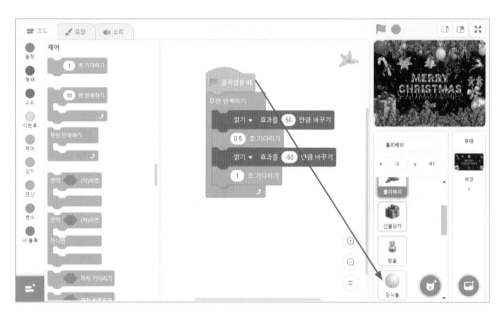

02 스프라이트 목록에서 '장식볼'을 선택해요.

03 다음과 같이 '색깔' 효과를 '5'만큼 바꾸고 '0.1'초 기다린 후 '소용돌이' 효과를 '25'만큼 바꾸고 '0.1'초 기다리도록 지정해요.

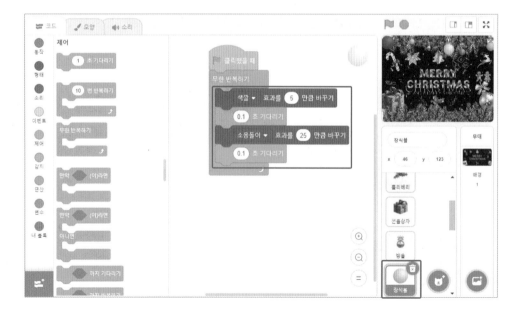

01 '강아지' 스프라이트 이미지를 5개 복사한 후 다양한 그래픽 효과를 나타낼 수 있도록 주어진 〈조건〉대로 스크립트를 완성해 보세요.

📁 [실습파일] 그래픽효과.sb3

📁 [완성파일] 그래픽효과(완성).sb3

조건

• '효과1' 스프라이트가 마우스 포인터에 닿았다면 시계 방향으로 '5'도 돌기
• '효과2' 스프라이트가 마우스 포인터에 닿았다면 '모자이크' 효과를 '0.5'초마다 '1~50' 사이의 난수만큼 바꾸기
• '효과3' 스프라이트가 마우스 포인터에 닿았다면 '어안렌즈' 효과를 '마우스의 x좌표/10'만큼 바꾸기
• '효과4' 스프라이트가 마우스 포인터에 닿았다면 '픽셀화' 효과를 '마우스 포인터까지의 거리'만큼 바꾸기
• '효과5' 스프라이트가 마우스 포인터에 닿았다면 '색깔' 효과를 '5'만큼 바꾸기
• '효과6' 스프라이트가 마우스 포인터에 닿았다면 '소용돌이' 효과를 '2*마우스의 x좌표'만큼 바꾸기
• 사용 블록

02 '댄서' 스프라이트가 마우스 포인터에 닿으면 '소용돌이' 효과를 마우스의 x좌표에 따라 바뀌도록 주어진 〈조건〉대로 스크립트를 완성해 보세요.

📁 [실습파일] 스우파.sb3   📁 [완성파일] 스우파(완성).sb3

조건

• '댄서' 스프라이트가 마우스 포인터에 닿으면 '소용돌이' 효과를 '2*마우스의 x좌표'만큼 바꾸기
• 사용 블록

13강 메타버스 세상 꾸미기

학습 목표
● 스프라이트를 클릭하면 복제본이 마우스 포인터를 따라다니게 할 수 있습니다.
● 왼쪽 화살표 키를 누를 때마다 스프라이트의 모양이 바뀌게 할 수 있습니다.
● 오른쪽 화살표 키를 누르면 메타버스 공간에 스프라이트를 추가할 수 있습니다.

 [실습파일] 메타버스-1.sb3   [완성파일] 메타버스-1(완성).sb3

 마인크래프트, 로블록스, 제페토의 공통점은 무엇일까요? 모두 메타버스라고 하는 3차원 가상세계에서 경험하는 콘텐츠입니다. 메타버스 세상에 건물이나 자동차, 나무, 휴식 공간 등을 배치하여 나만의 메타버스 세상을 꾸며 볼까요?

▲ 프로그램이 실행되면 메타버스를 꾸미는 방법을 알려줌

▲ 마우스 클릭과 왼쪽/오른쪽 화살표 키를 이용하여 메타버스 세상을 꾸밈

주요 블록

블록	설명	블록	설명
도장찍기	스프라이트를 도장처럼 무대에 찍습니다.	이 스프라이트를 클릭했을 때	스프라이트를 클릭하면 아래에 연결된 블록들을 실행합니다.
나 자신 ▾ 복제하기	선택한 스프라이트의 복제본을 생성합니다.	복제되었을 때	복제본이 생성되면 아래에 연결된 블록들을 실행합니다.
이 복제본 삭제하기	연결된 블록들이 실행되고 있는 복제본을 삭제합니다.		

01 복제된 스프라이트 모두 지우기

01 '메타버스 세상 꾸미기.sb3' 파일을 불러온 후 스프라이트 목록에서 '다시하기'를 선택해요.

02 프로그램이 시작되면 복제된 스프라이트들을 모두 지우기 위해 `이벤트` 의 `클릭했을 때` 를 드래그하여 추가하고, `펜` 의 `모두 지우기` 를 아래에 연결해요.

03 `형태` 의 `안녕! 을(를) 2 초 동안 말하기` 를 아래에 연결하고, "클릭은 복제, 왼쪽 화살표는 모양 바꾸기, 오른쪽 화살표는 위치 정하기입니다."로 입력한 후 시간을 '5'초로 지정해요.

04 '다시하기' 스프라이트를 클릭하면 복제된 스프라이트들을 모두 지우기 위해 `이벤트` 의 `이 스프라이트를 클릭했을 때` 를 드래그하여 추가하고 `펜` 의 `모두 지우기` 를 아래에 연결해요.

01 스프라이트 목록에서 '나무1'을 선택한 후 의 이벤트 이 스프라이트를 클릭했을 때 를 드래그하여 추가해요.

02 제어 의 나 자신 ▼ 복제하기 와 1 초 기다리기 를 차례대로 아래에 연결하고, 시간을 '0.2'초로 지정해요.

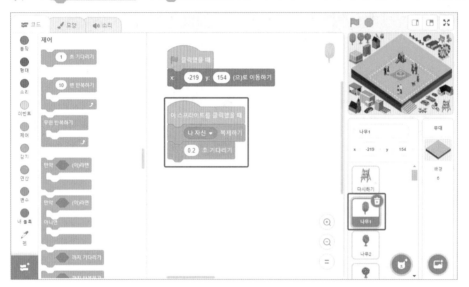

03 이벤트 의 복제되었을 때 를 드래그하여 추가하고, 까지 반복하기 를 아래에 연결한 후 감지 의 스페이스 ▼ 키를 눌렀는가? 를 조건 부분에 끼워 넣어 키를 '오른쪽 화살표'로 지정해요.

04 동작 의 무작위 위치 ▼ (으)로 이동하기 를 반복 블록 안에 끼워 넣은 후 위치를 '마우스 포인터'로 지정해요.

> 스프라이트를 클릭하여 복제되었을 때 복제된 스프라이트가 '오른쪽 화살표'를 누를 때까지 '마우스 포인터'를 따라다니게 합니다.

05 ⚪제어 의 [만약 ◆ (이)라면] 을 반복 블록 안에 끼워 넣고, ⚪감지 의 [스페이스 ▼ 키를 눌렀는가?] 를 조건 부분에 끼워 넣어 키를 '왼쪽 화살표'로 지정해요.

06 ⚪형태 의 [다음 모양으로 바꾸기] 를 조건 블록 안에 끼워 넣고, ⚪제어 의 [1 초 기다리기] 를 아래에 연결하여 시간을 '0.5'초로 지정해요.

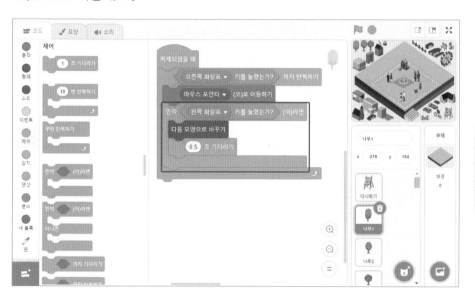

오른쪽 화살표 키를 누를 때까지 스프라이트는 마우스 포인터를 따라 다니면서 왼쪽 화살표 키를 누를 때마다 다음 모양으로 바뀝니다.

07 오른쪽 화살표 키를 누르면 도장찍고 복제본을 삭제하기 위해 ✏️펜 의 [모두 지우기] 를 반복문 아래에 연결한 후 ⚪제어 의 [이 복제본 삭제하기] 를 연결해요.

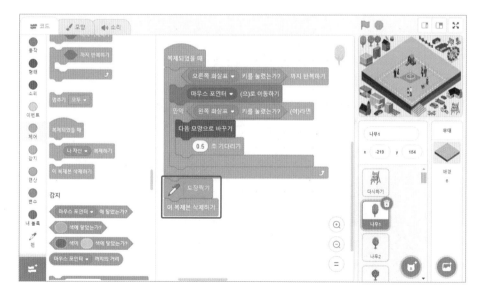

03 모든 스프라이트에 스크립트 복제하기

01 '나무1' 스프라이트의 스크립트를 복제하기 위해 `이 스프라이트를 클릭했을 때` 를 스프라이트 목록의 모든 스프라이트로 드래그해요.

02 `복제되었을 때` 를 스프라이트 목록의 모든 스프라이트로 드래그해요.

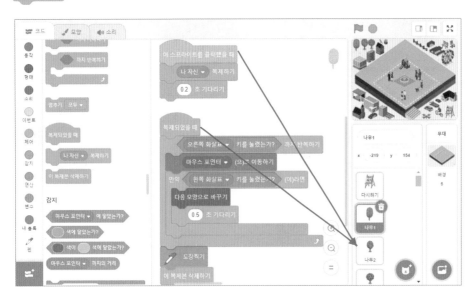

03 스프라이트 목록에서 다른 스프라이트를 선택하고, 코딩 영역의 빈 공간에서 마우스 오른쪽 버튼을 클릭하여 [블록 정리하기]를 선택하고 블록을 정리해요.

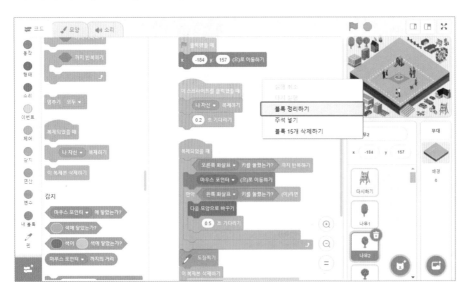

04 같은 방법으로 나머지 스프라이트들도 블록을 정리해요.

혼 자서 뚝딱뚝딱

01 '자동차1~4', '자전거' 스프라이트를 복제하여 메타버스 세상을 꾸밀 수 있도록 주어진 〈조건〉대로 스크립트를 완성해 보세요.

[실습파일] 메타버스-2.sb3   [완성파일] 메타버스-2(완성).sb3

조건

- '자동차' 스프라이트를 클릭했을 때 자신을 복제하고 '0.2'초 기다리기
- 복제되었을 때 '오른쪽 화살표' 키를 누를 때까지 마우스 포인터로 이동하고 만약 '왼쪽 화살표' 키를 누르면 '0.5'초마다 다음 모양으로 바꾸기
- 꾸미고 싶은 위치에 도장을 찍고 복제본은 삭제하기
- 위의 모든 스크립트를 '자동차2~4', '자전거'에 복제하기
- 사용 블록

나 자신 ▼ 복제하기   복제되었을 때   이 복제본 삭제하기   도장찍기

02 '사람'과 '의자' 스프라이트를 복제하여 메타버스 세상을 꾸미고 크기가 커지거나 작아지도록 주어진 〈조건〉대로 스크립트를 완성해 보세요.

[실습파일] 메타버스-3.sb3   [완성파일] 메타버스-3(완성).sb3

조건

- '사람1' 스프라이트를 클릭했을 때 자신을 복제하고 '0.2'초 기다리기
- 복제되었을 때 '오른쪽 화살표' 키를 누를 때까지 마우스 포인터로 이동하고, 만약 '왼쪽 화살표' 키를 누르면 '0.5'초마다 다음 모양으로 바꾸기
- 만약 '위쪽 화살표' 키를 눌렀다면 크기를 '5'만큼 바꾸고 '아래쪽 화살표' 키를 눌렀다면 크기를 '−5'만큼 바꾸기
- 꾸미고 싶은 위치에 도장을 찍고 복제본은 삭제하기
- 위의 모든 스크립트를 '사람2~4', '의자'에 복제하기

14강 모노그램으로 나만의 로고 만들기

학습
목표
● 문자를 클릭하여 이동시키거나 초기화할 수 있습니다.
● 다른 스프라이트에 스크립트를 복제할 수 있습니다.
● 다양한 글자를 합쳐서 나만의 로고를 만들 수 있습니다.

 [실습파일] 모노그램-1.sb3   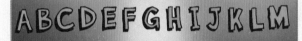 [완성파일] 모노그램-1(완성).sb3

두 개 이상의 글자를 합쳐 한 글자 모양으로 만드는 것을 모노그램이라고 해요. A부터 Z까지 알파벳 26자를 가지고 원하는 글자를 합쳐서 여러분만의 로고를 만들어 보세요!

▲ 프로그램 시작 전에는 크기가 작은 알파벳 26개가 위아래에 배치되어 있음

▲ 알파벳을 클릭하면 글자가 커지면서 가운데로 위치하며, 기존 글자 위에 포개짐

● 주요 블록

크기를 100 %로 정하기	스프라이트의 크기를 입력한 비율로 정합니다.	맨 앞쪽 ▼ 으로 순서 바꾸기	스프라이트를 맨 앞쪽으로 가져오거나 맨 뒤쪽으로 보냅니다.
만약 ◇ (이)라면 / 아니면	조건이 참이면 첫 번째 감싸고 있는 블록들을 실행하고, 거짓이면 두 번째 감싸고 있는 블록들을 실행합니다.	◇ 그리고 ◇	두 조건이 모두 참인 경우 '참'으로 판단합니다.
		◯ = 50	왼쪽의 값과 오른쪽의 값이 같은 경우 '참'으로 판단합니다.

01 프로그램 실행 시 복제본 모두 지우고 신호 보내기

01 '모노그램.sb3' 파일을 불러온 후 스프라이트 목록에서 'Block-A'를 선택해요.

02 프로그램이 실행되면 기존에 그려져 있는 로고를 모두 지우기 위해 _{이벤트} 의 ⬜ 클릭했을때 를 드래그하여 추가하고, _펜 의 ✏️ 모두 지우기 를 아래에 연결해요.

03 _{이벤트} 의 메시지1 ▾ 신호 보내기 를 아래에 연결하고, '메시지1'을 클릭하여 [새로운 메시지]를 클릭한 후 메시지 이름에 "초기화"를 입력하고 [확인]을 클릭해요.

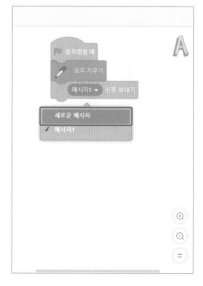

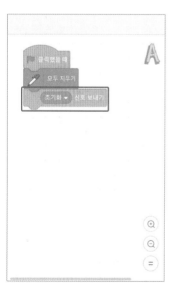

02 초기화 신호 받고 원래대로 만들기

01 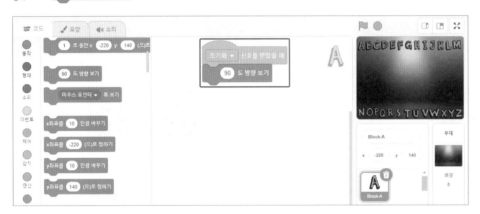 이벤트 의 [메시지1 ▾ 신호를 받았을 때] 를 드래그하여 추가한 후 메시지를 '초기화'로 지정해요.

02 동작 의 [90 도 방향 보기] 를 아래에 연결해요.

03 형태 의 [맨 앞쪽 ▾ 으로 순서 바꾸기] 를 아래에 연결한 후 [모양을 모양2 ▾ (으)로 바꾸기] 를 아래에 연결하여 모양을 'Block-a'로 지정해요.

04 [크기를 100 %로 정하기] 를 아래에 연결하여 크기를 '50'%로 지정한 후 [색깔 ▾ 효과를 0 (으)로 정하기] 를 아래에 연결해요.

05 원래 자리로 되돌아가기 위해 동작 의 [x: 0 y: 0 (으)로 이동하기] 를 아래에 연결하여 x좌표를 '-220', y 좌표를 '140'으로 지정해요.

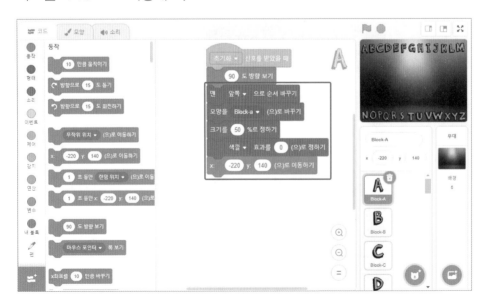

92

03 문자 클릭하여 이동시키거나 초기화하기

01  의 ⬚이 스프라이트를 클릭했을 때⬚ 를 드래그하여 추가한 후 🔵제어 의 ⬚만약 ◆ (이)라면 아니면⬚ 을 연결해요.

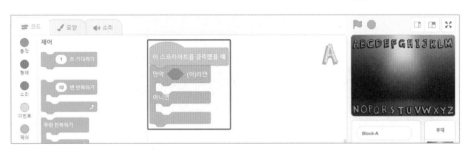

02 🔵연산 의 ⬚◆ 그리고 ◆⬚ 를 조건 부분에 끼워 넣은 후 ⬚◯ = 50⬚ 을 각 안쪽 조건에 끼워 넣어요.

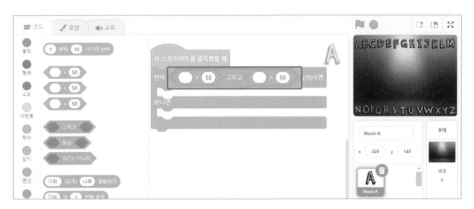

03 🔵동작 의 ⬚x좌표⬚ 와 ⬚y좌표⬚ 를 각 안쪽 조건의 등호 왼쪽에 끼워 넣고, 등호 오른쪽의 값은 '0'을 지정해요.

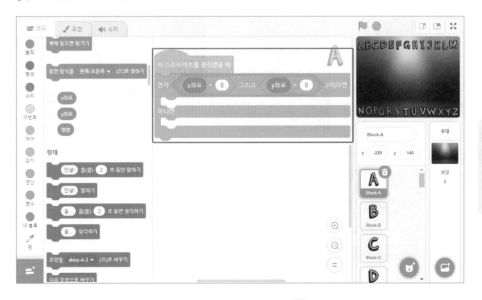

> 글자가 무대 중앙(x좌표와 y좌표 모두 0)에 있을 때와 그렇지 않을 때의 동작을 다르게 하기 위한 조건문입니다.

93

04 조건문의 참 부분에 의 [초기화 ▾ 신호 보내기]를 끼워 넣어요.

05 조건문의 거짓 부분에 ● 의 [크기를 100 %로 정하기]를 끼워 넣어 크기를 '200'%로 지정한 후 ● 의
형태   동작

[1 초 동안 x: 0 y: 0 (으)로 이동하기]를 아래에 연결하여 x좌표와 y좌표를 모두 '0'으로 지정해요.

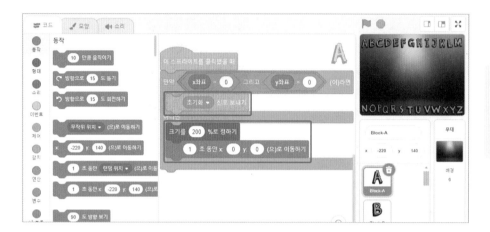

글자가 무대 중앙에 있을 때 클릭하면 초기화 신호를 보내고, 그렇지 않으면 크기가 2배로 커지고 무대 중앙으로 이동합니다.

---

04 모든 스프라이트에 스크립트 복제하기

01 'Block-A' 스프라이트의 스크립트를 복제하기 위해 [초기화 ▾ 신호를 받았을 때], [이 스프라이트를 클릭했을 때]를 스프라이트 목록의 모든 스프라이트로 드래그해요.

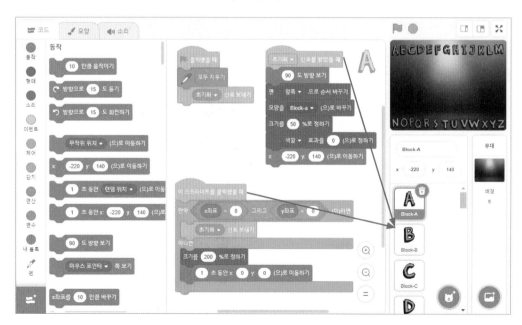

02 스프라이트 목록에서 'Block-B'를 선택한 후 코딩 영역의 빈 공간에서 마우스 오른쪽 버튼을 클릭하여 [블록 정리하기]를 선택하고 블록을 정리해요.

03 초기화 신호를 받았을 때의 모양을 'Block-b'로 지정한 후 <kbd>x: -220 y: 140 (으)로 이동하기</kbd> 를 삭제하고 그 자리에 <kbd>x: -185 y: 139 (으)로 이동하기</kbd> 를 연결해요.

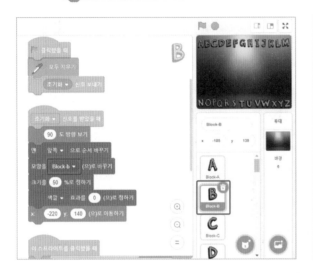 

04 'Block-C'~'Block-Z' 스프라이트도 똑같은 작업을 수행해요.

05 문자를 하나씩 클릭해 보면서 나만의 로고를 만들어요.

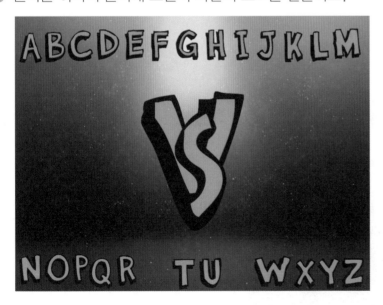

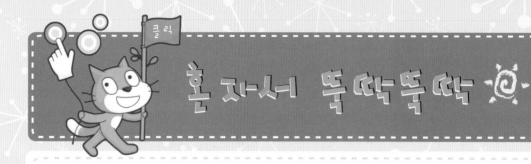

01 주어진 〈조건〉대로 스크립트를 완성해 보세요.

[실습파일] 모노그램-2.sb3   [완성파일] 모노그램-2(완성).sb3

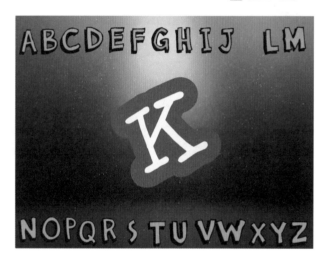

조건

• 스페이스 키를 누를 때까지 다음을 반복하기
  – 위쪽 화살표 키를 누르면 다음 모양으로 바꾸고 '0.2'초 기다리기
  – 아래쪽 화살표 키를 누르면 색깔 효과를 '25'만큼 바꾸고 '0.2'초 기다리기
  – 왼쪽 화살표 키를 누르면 시계 반대 방향으로 '1'도 회전하고 '0.2'초 기다리기
  – 오른쪽 화살표 키를 누르면 시계 방향으로 '1'도 회전하고 '0.2'초 기다리기

02 주어진 〈조건〉대로 스크립트를 완성해 보세요.

[실습파일] 모노그램-3.sb3   [완성파일] 모노그램-3(완성).sb3

조건

• 스페이스 키를 누를 때까지 다음을 반복하기
  – a 키를 누르면 크기를 '10'만큼 바꾸고 '0.2'초 기다리기
  – d 키를 누르면 크기를 '−10'만큼 바꾸고 '0.2'초 기다리기
  – w 키를 누르면 x좌표를 '−5'만큼 바꾸고 '0.2'초 기다리기
  – s 키를 누르면 x좌표를 '5'만큼 바꾸고 '0.2'초 기다리기

15강 그래픽 효과로 작품 만들기

학습
목표

● 펜의 색깔을 바꿀 수 있습니다.
● 펜이 굵어졌다가 다시 가늘어지게 할 수 있습니다.
● 펜의 방향과 움직이는 거리를 바꾸어가며 다양한 작품을 만들 수 있습니다.

📁 [실습파일] 별.sb3   📁 [완성파일] 별(완성).sb3

 알록달록 다양한 색으로 그림을 그려본 적이 있나요? 규칙적으로 변하는 색으로 규칙적인 모양을 그리면 생각지도 못한 멋진 작품을 만들 수 있어요. 색깔과 굵기가 계속 바뀌는 펜으로 방향으로 바뀌면서 작품을 만들어 볼까요?

▲ 프로그램 시작 직후에 별이 무대 중앙에 위치하여 기존의 그림을 모두 지우고 그림을 새로 그릴 준비를 함

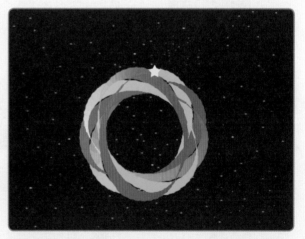

▲ 펜 색깔이 계속 바뀌고 펜 굵기가 점점 굵어지다가 가늘어지기를 반복하면서 방향을 바꾸며 그림을 그림

● 주요 블록

🖊 펜 내리기	스프라이트가 이동하는 경로를 따라 선을 그립니다.	🖊 모두 지우기	스프라이트가 그린 선과 도장을 모두 지웁니다.
🖊 펜 색깔 ▼ 을(를) 10 만큼 바꾸기	스프라이트가 그리는 선의 색을 입력한 값만큼 바꿉니다.	🖊 펜 굵기를 1 (으)로 정하기	스프라이트가 그리는 선의 굵기를 지정합니다.

01 준비하기

01 '별.sb3' 파일을 불러온 후 스프라이트 목록에서 '별'을 선택해요.

02 의 클릭했을 때 를 드래그하여 추가하고, 의 x: 0 y: 0 (으)로 이동하기 를 아래에 연결해요.

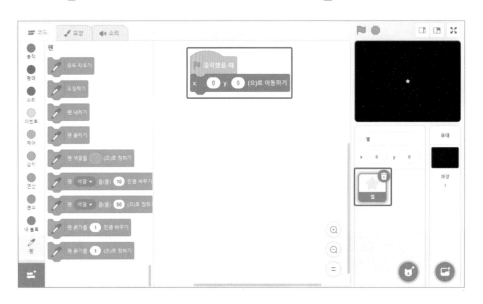

03 펜의 굵기를 초기화하고 기존의 그림을 모두 지운 후 그리기 시작 위치로 이동할 때 펜을 그리지 않기 위해 의 펜 굵기를 1 (으)로 정하기 와 모두 지우기 와 펜 올리기 를 아래에 연결해요.

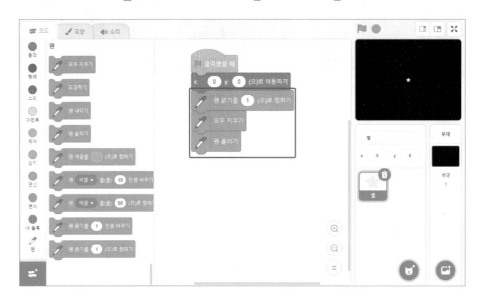

04 ● 의 ▨ 90 도 방향 보기 와 ▨ x: 0 y: 0 (으)로 이동하기 를 아래에 연결한 후 x좌표를 '30', y좌표를 '60'으로 지정해요.

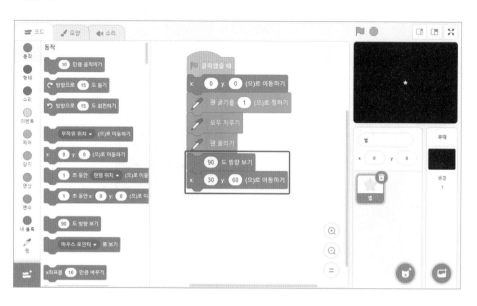

02 그래픽 효과로 꽃 모양 그리기

01 ● 의 ▨ 무한 반복하기 를 아래에 연결하고, ✎ 의 ▨ 펜 내리기 를 반복 블록 안에 끼워 넣어요.

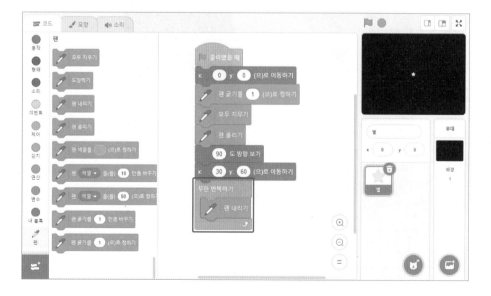

02 ● 의 [10 번 반복하기] 를 아래에 연결해요.

03 🖊 의 [펜 색깔 ▼ 을(를) 10 만큼 바꾸기] 를 반복 블록 안에 끼워 넣어 펜 색깔 변화량을 '1.8'로 지정하고, [펜 굵기를 1 (으)로 정하기] 를 아래에 연결하여 굵기를 '2'로 지정해요.

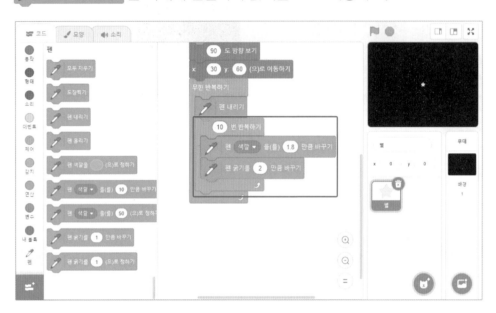

04 ● 의 [방향으로 15 도 돌기] 를 아래에 연결하여 '10'도로 지정하고, [10 만큼 움직이기] 를 연결해요.

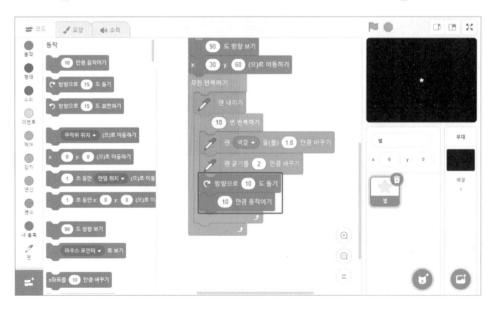

이 상태에서 시작하기 버튼을 클릭하면 별이 원 모양으로 회전하면서 펜 색깔이 바뀌고 계속 굵어지면서 그림을 그리게 됩니다.

05 10번 반복하기 블록을 마우스 오른쪽 버튼으로 클릭하여 [복사하기]를 선택하고, 복사된 블록을 아래에 연결해요.

06 펜이 굵어졌다가 다시 가늘어지기 위해 펜 굵기를 '-2'로 지정하고, 타원 형태로 그리기 위해 거리를 '20'으로 지정해요.

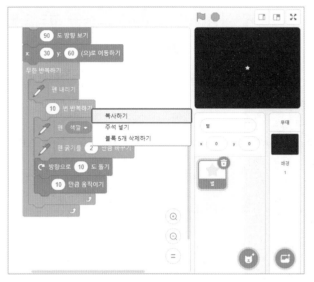

펜이 굵어지면서 10만큼 이동하고 가늘어지면서 20만큼 이동하기 때문에 타원 모양이 그려집니다.

07 프로그램을 실행하면 펜 색깔은 계속 바뀌고 펜 굵기가 굵어졌다가 가늘어지기를 반복하며 타원 모양을 계속 그리면서 꽃 모양을 그리게 돼요.

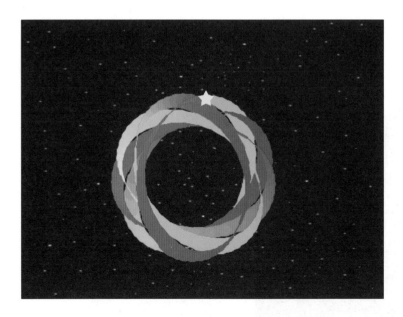

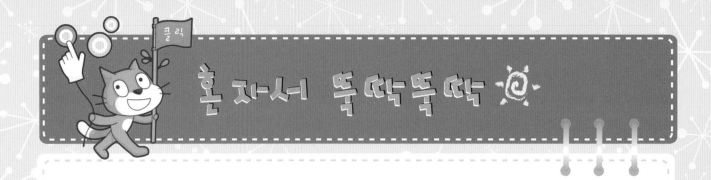

01 별 3개의 회전 각도와 이동 거리를 각각 다르게 설정하면서 다양한 그림을 그리도록 주어진 〈조건〉대로 스크립트를 완성해 보세요.

📁 [실습파일] 별그림.sb3　　📁 [완성파일] 별그림(완성).sb3

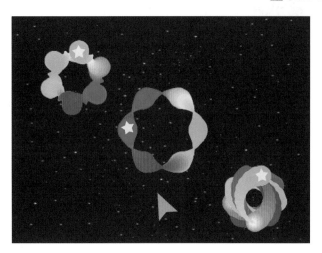

조건

• '별1' : '3'도 돌고 '3'만큼 움직인 후 '3'도 돌고 '3'만큼 움직이기
• '별2' : '15'도 돌고 '3'만큼 움직인 후 '15'도 돌고 '-3'만큼 움직이기
• '별3' : '15'도 돌고 '10'만큼 움직인 후 '5'도 돌고 '0.5'만큼 움직이기
• 사용 블록

🔁 방향으로 15 도 돌기

10 만큼 움직이기

02 스페이스 키를 누른 채로 방향키를 누르면 그림이 그려지고, 방향키만 누르면 이동만 하도록 주어진 〈조건〉대로 스크립트를 완성해 보세요.

📁 [실습파일] 내이름.sb3　　📁 [완성파일] 내이름(완성).sb3

조건

• 스페이스 키를 누르면 펜 내리고, 아니면 펜 올리기
• 스페이스 키를 누른 채 방향키를 누르면 x좌표나 y좌표를 '2' 또는 '-2'만큼 바꾸고 펜 색깔을 '1'만큼 바꾸기
• 사용 블록

스페이스 ▾ 키를 눌렀는가?　　🖊 펜 내리기　　🖊 펜 올리기

x좌표를 10 만큼 바꾸기　　y좌표를 10 만큼 바꾸기

🖊 펜 색깔 을(를) 10 만큼 바꾸기

102

16강 미로 탈출 게임하기

학습
목표
● 방향키로 버스를 상하좌우로 움직이게 할 수 있습니다.
● 버스가 미로나 공에 닿으면 처음 위치로 되돌릴 수 있습니다.
● 계속해서 돌아다니는 공을 만들 수 있습니다.

📂 [실습파일] 미로탈출 게임-1.sb3　　📂 [완성파일] 미로탈출 게임-1(완성).sb3

버스를 타고 집에 가야 하는데, 버스가 그만 미로 속에 갇히고 말았어요! 방향키로 버스를 움직이면서 미로에 닿지 않고, 계속해서 돌아다니는 공을 피해서 집까지 가야 해요. 집까지 무사히 도착하도록 다 함께 만들어 볼까요?

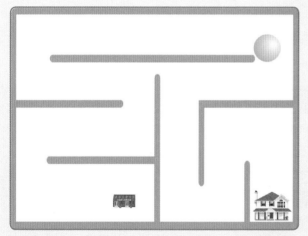

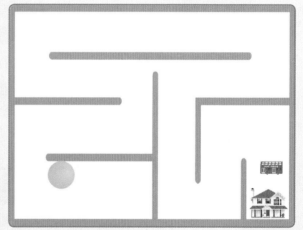

▲ 방향키로 버스를 상/하/좌/우로 움직여 미로나 공에 닿지 않고 집을 향해 움직임

▲ 미로나 공에 닿으면 처음 시작 위치에서 다시 시작하며, 집까지 무사히 도착하게 함

● 주요 블록

블록	설명	블록	설명
회전 방식을 왼쪽-오른쪽 ▼ (으)로 정하기	회전 방식을 왼쪽-오른쪽, 회전하지 않기, 회전하기 중의 하나로 정합니다.	스페이스 ▼ 키를 눌렀는가?	선택한 키를 누른 경우 '참'으로 판단합니다.
◆ 또는 ◆	두 조건 중 하나라도 참인 경우 '참'으로 판단합니다.	1 부터 10 사이의 난수	입력된 두 수 사이에서 선택된 무작위 수입니다.

103

01 방향키로 움직이는 버스 만들기

01 '미로탈출 게임.sb3' 파일을 불러온 후 스프라이트 목록에서 '버스'를 선택해요.

02 이벤트 의 `클릭했을 때` 를 드래그하여 추가하고, 동작 의 `x: 0 y: 0 (으)로 이동하기` 를 아래에 연결하여 x좌표를 '-50', y좌표를 '-134'로 지정한 후 `회전 방식을 왼쪽-오른쪽 ▾ (으)로 정하기` 를 아래에 연결해요.

03 제어 의 `무한 반복하기` 를 아래에 연결하고, `만약 ◇ (이)라면` 을 반복 블록 안에 끼워 넣어요.

04 감지 의 `스페이스 ▾ 키를 눌렀는가?` 를 조건 부분에 끼워 넣은 후 키를 '오른쪽 화살표'로 지정해요.

05 동작 의 `90 도 방향 보기` 와 `10 만큼 움직이기` 를 조건 블록 안에 끼워 넣어요.

06 왼쪽 화살표 키를 누르면 왼쪽으로 이동시키기 위해 조건 블록을 마우스 오른쪽 버튼으로 클릭하여 [복사하기]를 선택해요.

07 복사된 블록을 아래에 연결한 후 키를 '왼쪽 화살표'로, 방향을 '−90'도로 지정해요.

08 같은 방법으로 조건 블록을 두 번 복사하여 아래에 연결한 후 '위쪽 화살표'를 누르면 위('0'도)를 바라보고 '10'만큼 이동하고, '아래쪽 화살표'를 누르면 아래('180'도)를 바라보고 '10'만큼 이동하게 만들어요.

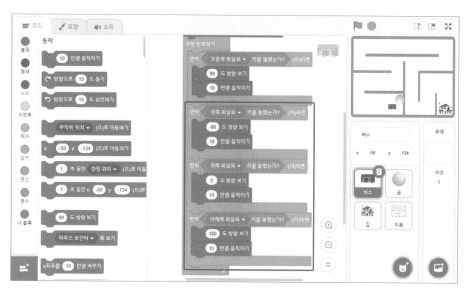

02 버스가 미로나 공에 닿으면 처음 위치로 이동시키기

01 제어 의 ⬭만약 ◆(이)라면 을 아래에 연결하고 연산 의 ◆또는◆ 을 조건 부분에 끼워 넣은 후 감지 의 ◆마우스 포인터 ▾ 에 닿았는가? 를 각 안쪽 조건에 끼워 넣어 항목을 각각 '미로'와 '공'으로 지정해요.

02 동작 의 x: 0 y: 0 (으)로 이동하기 를 아래에 연결하여 x좌표를 '−50', y좌표를 '−134'로 지정해요.

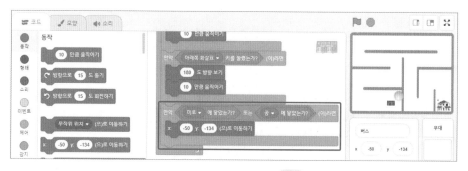

105

03 돌아다니는 공 만들기

01 스프라이트 목록에서 '공'을 선택한 후 이벤트 의 🏴 클릭했을 때 를 드래그하여 추가하고, 동작 의 x: 0 y: 0 (으)로 이동하기 를 아래에 연결해요.

02 x좌표에 연산 의 1 부터 10 사이의 난수 를 끼워 넣어 난수 범위를 '-200'부터 '200' 사이로 지정하고, y좌표를 '220'으로 지정해요.

03 제어 의 무한 반복하기 를 아래에 연결하고, 동작 의 10 만큼 움직이기 와 벽에 닿으면 튕기기 를 반복 블록 안에 끼워 넣어요.

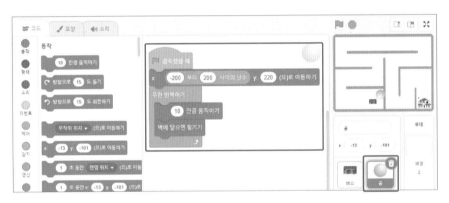

04 벽이나 버스에 닿았을 때 동작시키기

01 이벤트 의 🏴 클릭했을 때 를 드래그하여 추가하고, 제어 의 무한 반복하기 를 아래에 연결한 후 만약 ◇ (이)라면 을 반복 블록 안에 끼워 넣어요.

02 감지 의 마우스 포인터 ▼ 에 닿았는가? 를 조건 부분에 끼워 넣은 후 항목을 '벽'으로 지정해요.

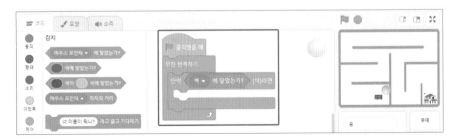

03 ● 의 ⬤Pop ▾ 재생하기 를 조건 블록 안에 끼워 넣고, ● 의 ⬤90 도 방향 보기 를 아래에 연결해요.

04 각도에 ● 의 ⬤1 부터 10 사이의 난수 를 끼워 넣어 난수 범위를 '50'부터 '80' 사이로 지정해요.

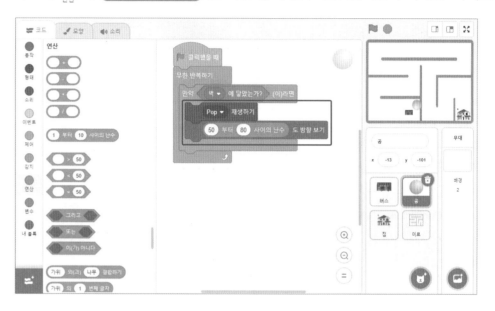

05 ● 의 ⬤만약 (이)라면 을 아래에 연결하고, ● 의 ⬤마우스 포인터 ▾ 에 닿았는가? 를 조건 부분에 끼워 넣은 후 항목을 '버스'로 지정해요.

06 ● 의 ⬤Pop ▾ 끝까지 재생하기 를 조건 블록 안에 끼워 넣어 소리를 'Boing'으로 지정한 후 ● 의 ⬤색깔 ▾ 효과를 25 만큼 바꾸기 를 아래에 연결해요.

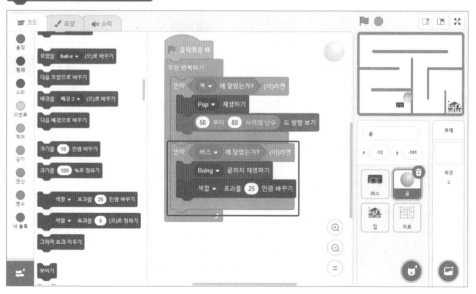

01 '집'에 '버스'가 도착하면 게임이 종료되도록 주어진 〈조건〉대로 스크립트를 완성해 보세요.

[실습파일] 미로탈출 게임-2.sb3   [완성파일] 미로탈출 게임-2(완성).sb3

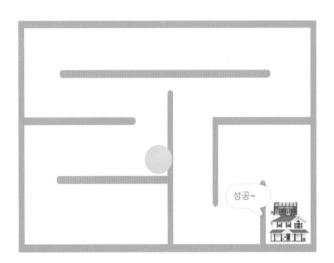

조건

· '집' 스프라이트가 '버스'에 닿으면 "성공~"을 '1'초 동안 말하고 모두 멈추기

· 사용 블록

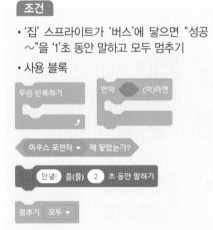

02 팩맨이 빨간색의 고스트에 닿으면 미로의 모양이 바뀌도록 주어진 〈조건〉대로 스크립트를 완성해 보세요.

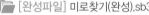
[실습파일] 미로찾기.sb3   [완성파일] 미로찾기(완성).sb3

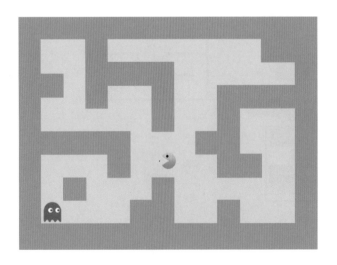

조건

· 프로그램이 시작되면 'x: −180, y: 130'으로 이동하여 '0.1'초 간격으로 다음 모양으로 계속 바뀌기

· 왼쪽/오른쪽/위쪽/아래쪽 화살표 키를 누르면 각각 − 90/90/0/180도 방향을 보기

· 팩맨의 입 앞에 있는 검은 색이 연두색에 닿으면 '2'만큼 계속해서 움직이기

· 사용 블록

17강 스타워즈(Star Wars)

학습목표
- 왼쪽/오른쪽 화살표로 스프라이트를 좌우로 움직일 수 있습니다.
- 복제 기능을 이용하여 미사일을 계속해서 발사할 수 있습니다.
- 우주 배경이 움직이게 할 수 있습니다.

📁 [실습파일] 스타워즈-1.sb3   📁 [완성파일] 스타워즈-1(완성).sb3

 외계인이 지구를 향해 침공하고 있어요! 전투기를 출동시켜 미사일을 발사해야 하는데, 미사일이 2발밖에 없는 상황이에요. 미사일을 무한히 복제할 수 있다면 외계인을 성공적으로 물리칠 수 있을 거예요. 다 함께 스타워즈 게임을 만들어 볼까요?

▲ 프로그램이 시작되면 우주 배경이 계속해서 움직이면서 '전투기'가 움직이는 것처럼 보임

▲ 왼쪽/오른쪽 방향키로 전투기를 움직이고, 스페이스 키를 누르면 미사일이 발사됨

주요 블록

블록	설명	블록	설명
나 자신 ▼ 복제하기	선택한 스프라이트의 복제본을 생성합니다.	복제되었을 때	복제본이 생성되면 아래에 연결된 블록들을 실행합니다.
이 복제본 삭제하기	연결된 블록들이 실행되고 있는 복제본을 삭제합니다.	1 초 동안 x: 0 y: 0 (으)로 이동하기	입력한 시간 동안 입력한 x와 y 좌표로 이동합니다.

01 전투기 좌우로 움직이게 하기

01 '스타워즈-1.sb3' 파일을 불러온 후 스프라이트 목록에서 '전투기'를 선택해요.

02 이벤트 의 클릭했을 때 를 드래그하여 추가하고, 동작 의 x 0 y: 0 (으)로 이동하기 를 아래에 연결하여 x좌표를 '0', y좌표를 '-126'으로 지정한 후 제어 의 무한 반복하기 를 연결해요.

03 제어 의 만약 (이)라면 을 반복 블록 안에 끼워 넣고 감지 의 스페이스 ▾ 키를 눌렀는가? 를 조건 부분에 끼워 넣은 후 키를 '왼쪽 화살표'로 지정해요.

04 동작 의 x좌표를 10 만큼 바꾸기 를 조건 블록 안에 끼워 넣은 후 거리를 '-5'로 지정해요.

05 조건 블록을 마우스 오른쪽 버튼으로 클릭하여 [복사하기]를 선택한 후 복사된 블록을 조건 블록 아래에 끼워 넣어요.

06 추가된 블록에서 키를 '오른쪽 화살표'로, 거리를 '5'로 지정해요.

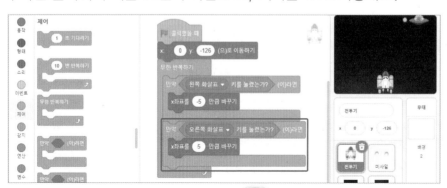

01 스프라이트 목록에서 '미사일'을 선택한 후 의 를 드래그하여 추가해요.

02 '미사일'이 계속해서 '전투기'를 따라다니도록 의 를 아래에 연결하고, 의 를 반복 블록 안에 끼워 넣은 후 위치를 '전투기'로 지정해요.

03 의 를 드래그하여 추가하고, 의 를 아래에 연결해요.

04 을 반복 블록 안에 끼워 넣고, 의 를 조건 부분에 끼워 넣어요.

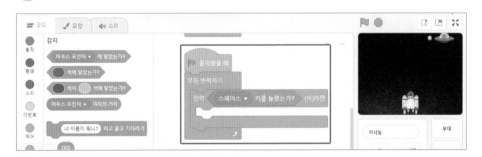

05 의 를 조건 블록 안에 끼워 넣고, 를 아래에 연결하여 시간을 '0.1'초로 지정해요.

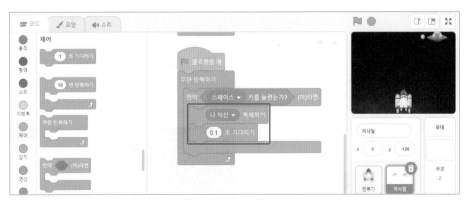

06 '미사일'이 복제되면 발사되도록  제어 의 복제되었을때 를 드래그하여 추가하고, 무한 반복하기 를 아래에 연

결한 후 동작 의 y좌표를 10 만큼 바꾸기 를 반복 블록 안에 끼워 넣어요.

07 복제본이 벽에 닿으면 삭제하기 위해 만약 (이)라면 를 아래에 연결하고, 감지 의 마우스 포인터 ▼ 에 닿았는가?

를 조건 부분에 끼워 넣은 후 항목을 '벽'으로 지정해요.

08 제어 의 이 복제본 삭제하기 를 조건 블록 안에 끼워 넣어요.

---

03 우주 배경 움직이게 하기

01 스프라이트 목록에서 '우주1'을 선택한 후 이벤트 의 클릭했을때 를 드래그하여 추가하고, 제어 의

무한 반복하기 를 아래에 연결해요.

02 동작 의 x: 0 y: 0 (으)로 이동하기 를 반복 블록 안에 끼워 넣고, 1 초 동안 x: 0 y: 0 (으)로 이동하기 를 아래에

연결한 후 시간을 '5'초로, y 좌표를 '−360'으로 지정해요.

03 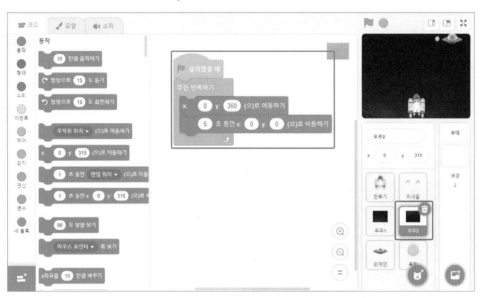 를 스프라이트 목록의 '우주2' 스프라이트로 드래그하여 복사해요.

04 '5'초 동안 이동하는 위치의 y 좌표를 '0'으로 지정해요.

05 프로그램을 실행하여 우주 배경이 움직이는 것을 확인하고, 전투기를 움직이면서 미사일을 발사시켜 보아요.

01 좌우로 이동하는 우주선에서 폭탄이 계속해서 떨어지도록 주어진 〈조건〉대로 스크립트를
완성해 보세요.

📂 [실습파일] 스타워즈-2.sb3   📂 [완성파일] 스타워즈-2(완성).sb3

조건

• 시작 버튼을 클릭했을 때 '폭탄'이 계속해
서 '외계인'으로 이동하며 '0.2'초 간격으
로 복제하기
• '폭탄'이 복제되었을 때 계속해서 y좌표가
'-1'부터 '-5' 사이의 난수만큼 바뀌면서
'벽'이나 '미사일'에 닿으면 삭제하고, '전
투기'에 닿으면 '모두' 멈추기
• 사용 블록

02 우주선이 미사일에 맞을 때마다 생명이 1씩 줄어들다가 0이 되면 사라지도록 주어진
〈조건〉대로 스크립트를 완성해 보세요.

📂 [실습파일] 스타워즈-3.sb3   📂 [완성파일] 스타워즈-3(완성).sb3

조건

• 시작 버튼을 클릭했을 때 '우주선'이 보이
고, '외계인 생명' 변수를 '100'으로 정하기
• '우주선'이 '미사일'에 닿으면 '외계인 생
명' 변수의 값을 '1'씩 감소시키고, '0'이
되면 '우주선'이 사라지고 '모두' 멈추기
• 사용 블록

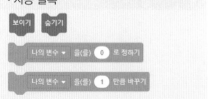

18강 재미있는 과학실험을 해요!

학습
목표
● 변수의 기능을 이해하고 변수를 만들 수 있습니다.
● 두 조건이 모두 만족할 때 변숫값을 설정할 수 있습니다.
● 마우스 포인터가 스위치에 닿을 때마다 ON/OFF를 반복할 수 있습니다.

[실습파일] 과학실험.sb3   [완성파일] 과학실험(완성).sb3

 이번 차시에는 코딩에서 매우 중요한 변수라는 것을 사용하는데, 변수는 값을 저장하는 공간이랍니다. 변수를 만들고, 스위치, 전지, 전구를 차례대로 코딩한 후 전선을 이용하여 스위치, 전지, 전구를 연결할 거예요. 그리고 스위치를 이용하여 전구를 켰다 끄는 과학실험을 해 보아요.

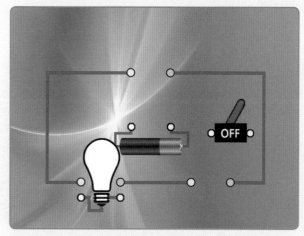

▲ 프로그램 시작 전에는 스위치, 전지, 전구가 연결되어 있지 않음

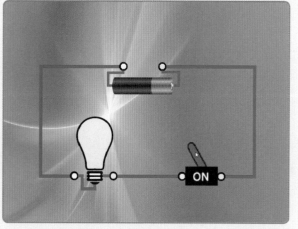

▲ 스위치, 전지, 전구를 드래그하여 연결한 후 마우스 포인터가 스위치에 닿을 때마다 스위치와 전구의 모양이 바뀜

● 주요 블록

블록	설명	블록	설명
그리고	두 조건이 모두 참인 경우 '참'으로 판단합니다.	= 50	왼쪽의 값과 오른쪽의 값이 같은 경우 '참'으로 판단합니다.
색에 닿았는가?	스프라이트가 지정한 색에 닿으면 '참'으로 판단합니다.	나의 변수 ▼ 을(를) 0 로 정하기	선택한 변수의 값을 입력한 값으로 정합니다.

01 변수 만들기

01 '과학실험.sb3' 파일을 불러온 후 ● 변수 의 [변수 만들기]를 클릭해요.

02 새로운 변수 이름에 "스위치"를 입력하고 [확인]을 클릭해요.

03 같은 방법으로 "스위치연결", "전지연결", "전구연결" 변수를 만들어요.

변수가 만들어지면 무대의 왼쪽 위에 변수 이름과 변숫값이 표시됩니다.

04 변수가 무대에서 표시되지 않도록 변수 이름 왼쪽의 체크 표시를 해제해요.

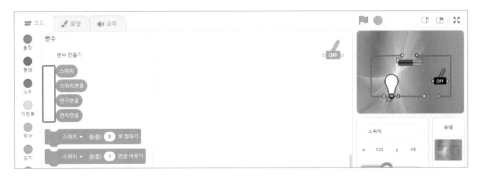

02 스위치 코딩하기

01 스프라이트 목록에서 '스위치'를 선택한 후 🔵 의 🏁 클릭했을 때 를 드래그하여 추가해요.
이벤트

02 🔵 의 크기를 100 %로 정하기 를 연결하고, 🔵 의 x: 0 y: 0 (으)로 이동하기 를 연결하여 x좌표를 '133', y좌표
형태   동작
를 '-18'로 지정한 후 🔵 의 무한 반복하기 를 연결해요.
제어

03 🔵 의 만약   (이)라면 을 아래에 연결하고, 🔵 의 ◆ 그리고 ◆ 를 조건 부분에 끼워 넣은 후 🔵 의
제어   아니면   연산   감지

◆ 색에 닿았는가? 를 각 안쪽 조건에 끼워 넣어요.

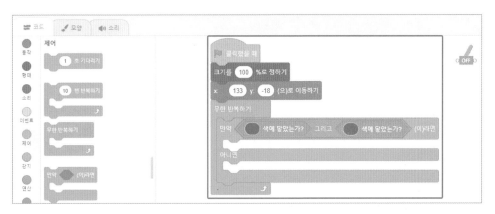

04 색깔 부분을 클릭하고 색 골라내기 아이콘(🖌)을 클릭한 후 무대에서 전선 끝의 노란색을 클릭해요.

05 같은 방법으로 오른쪽 색을 클릭하여 청록색을 지정해요.

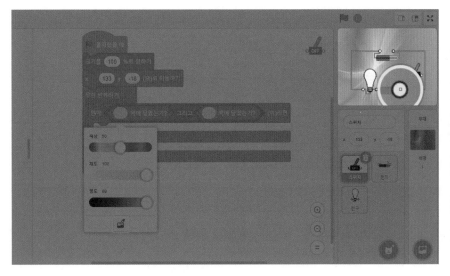

06 스위치가 연결되면 '스위치연결' 변숫값을 '1'로 지정하기 위해 조건문의 참 부분에 의 스위치 ▾ 을(를) ⓪ 로 정하기 를 끼워 넣고 변수를 '스위치연결'로, 값을 '1'로 지정해요.

07 스위치가 연결되지 않으면 '스위치연결' 변숫값을 '0'으로 지정하기 위해 조건문의 거짓 부분에 의 스위치 ▾ 을(를) ⓪ 로 정하기 를 끼워 넣고 변수를 '스위치연결'로 지정해요.

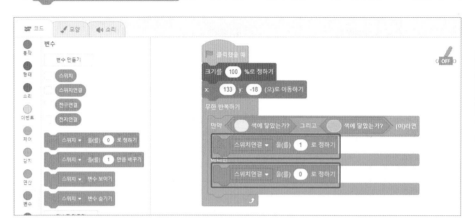

스위치의 양쪽 끝부분이 노란색과 청록색에 닿으면 스위치가 연결된 것이므로 '스위치연결' 변수의 값을 1로 지정합니다.

08 의 만약 ◆ (이)라면 아니면 을 조건문의 참 부분에 끼워 넣고 의 마우스 포인터 ▾ 에 닿았는가? 를 조건 부분에 끼워 넣어요.

09 의 모양을 스위치OFF ▾ (으)로 바꾸기 를 안쪽 조건문의 참 부분에 끼워 넣고 모양을 '스위치ON'으로 지정한 후 의 스위치 ▾ 을(를) ⓪ 로 정하기 를 끼워 넣고 값을 '1'로 지정해요.

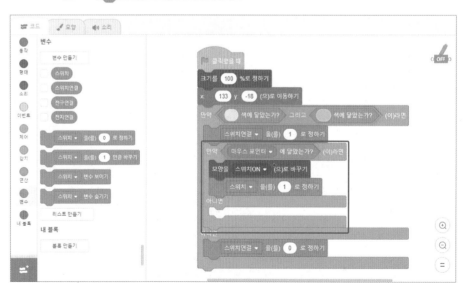

스위치가 연결된 상태에서 마우스 포인터가 스위치에 닿으면 스위치 모양과 '스위치' 변숫값을 바꿉니다.

10 모양 바꾸기 블록을 마우스 오른쪽 버튼으로 클릭하여 [복사하기]를 선택한 후 안쪽 조건문의 거짓 부분에 끼워 넣어요.

11 모양을 '스위치OFF'로 지정하고, '스위치' 변숫값을 '0'으로 지정한 후 이 두 블록을 바깥쪽 조건문의 거짓 부분에 복사해서 끼워 넣어요.

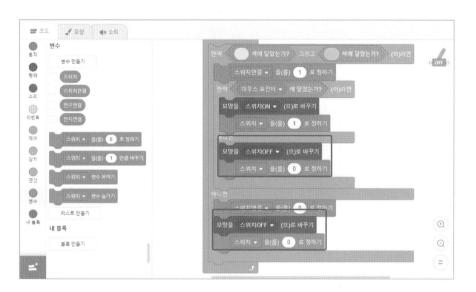

스위치가 연결된 상태에서 마우스 포인터가 스위치에 닿지 않으면 스위치 모양과 '스위치' 변숫값을 바꿉니다.

03 전지 코딩하기

01 스프라이트 목록에서 '전지'를 선택한 후 의 클릭했을 때 를 드래그하여 추가하고, x: 0 y: 0 (으)로 이동하기 를 연결하여 x좌표를 '-4', y좌표를 '-35'로 지정해요.

02 전지가 전선의 노란색 부분과 청록색 부분에 닿아서 연결되면 '전지연결' 변숫값을 '1'로 지정하고, 그렇지 않으면 '0'으로 지정하도록 다음과 같이 만들어요.

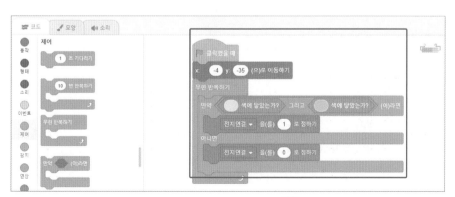

04 전구 코딩하기

01 '전지' 스프라이트의 ![클릭했을 때] 를 스프라이트 목록의 '전구'로 드래그한 후 스프라이트 목록에서 '전구'를 선택해요.

02 복제된 스크립트에서 x좌표와 y좌표를 '−88'로 변경하고, 조건문의 '전지연결' 변수를 모두 '전구연결' 변수로 변경해요.

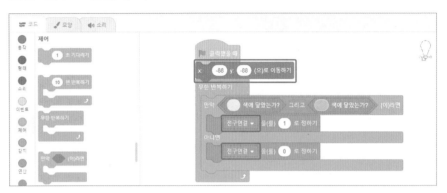

03 전지, 전구, 스위치가 모두 연결된 상태에서 스위치가 켜지면 전구에 불이 들어오게 하기 위해 이벤트의 ![클릭했을 때] 를 드래그하여 추가하고, 제어의 ![무한 반복하기] 를 연결한 후 을 반복 블록 안에 끼워 넣어요.

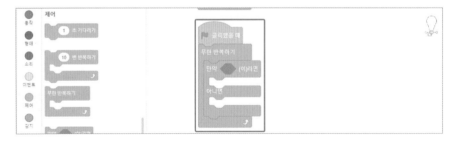

04 연산의 ![그리고] 를 조건 부분에 끼워 넣은 후 ![그리고] 의 왼쪽 조건 부분에 ![그리고] 를 끼워 넣어요.

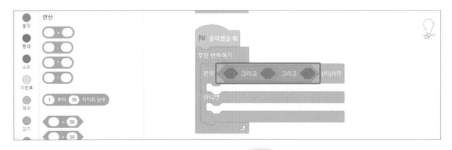

120

05 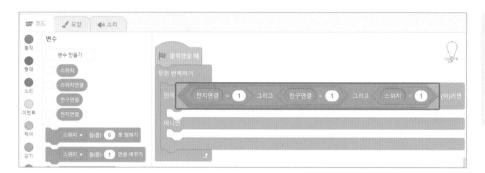 을 세 개의 조건 부분에 모두 끼워 넣은 후 다음과 같이 '전지연결' = '1', '전구연결' = '1', '스위치' = '1'로 만들어요.

'스위치' 변숫값이 '1'이면 스위치가 연결된 상태에서 마우스 포인터가 스위치에 닿은 것이므로, '스위치연 결' 변수는 검사하지 않아 도 됩니다.

06 다음과 같이 전지, 전구, 스위치가 모두 연결되고 마우스 포인터가 스위치에 닿으면 모양을 '켜졌 을때'로 바꾸고, 그렇지 않으면 '꺼졌을때'로 바뀌게 합니다.

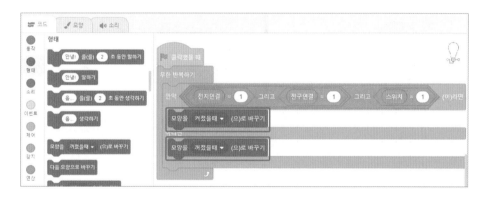

07 프로그램을 실행하여 전지, 전구, 스위치를 모두 연결한 후 마우스 포인터를 스위치에 위치시키면 전구가 켜지는 것을 확인해요.

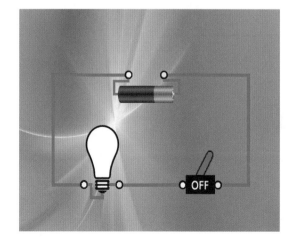
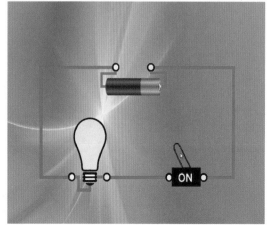

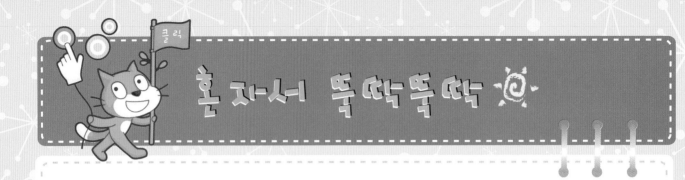
01 전지1과 전지2, 전구가 모두 연결되면 전구에 불이 들어오도록 주어진 〈조건〉대로 스크립트를 완성해 보세요.

📂 [실습파일] 전지연결.sb3　　📂 [완성파일] 전지연결(완성).sb3

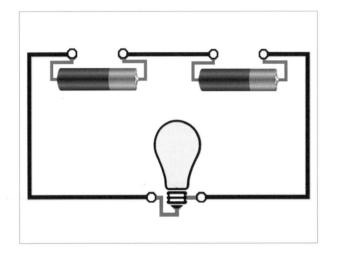

조건

• '전구'가 연결되면 '전구연결' 변수의 값을 '1'로, 아니면 '0'으로 정하기

• '전지1', '전지2', '전구연결' 변수의 값이 모두 '1'이면 '전구'의 모양을 '켜졌을때'로, 아니면 '꺼졌을때'로 바꾸기

• 사용 블록

02 육식 동물인지 아닌지와 뿔이 있는지 없는지를 입력받으면 해당하는 공룡이 선명하게 표시되고 춤을 추도록 주어진 〈조건〉대로 스크립트를 완성해 보세요.

📂 [실습파일] 공룡 종류.sb3　　📂 [완성파일] 공룡 종류(완성).sb3

조건

• 육식=0, 뿔=0: '브라키오사우루스' 신호 보내기

• 육식=0, 뿔=1: '트리케라톱스' 신호 보내기

• 육식=1, 뿔=0: '티라노사우루스' 신호 보내기

• 육식=1, 뿔=1: '프테라노돈' 신호 보내기

• 사용 블록

19강 화이트햇(White Hat)

학습목표
● 숫자를 입력하여 변수에 저장할 수 있습니다.
● 입력한 숫자와 정답을 비교하여 다르게 말할 수 있습니다.
● 정답을 빨리 맞히는 방법을 이해할 수 있습니다.

📁 [실습파일] 화이트햇.sb3   📁 [완성파일] 화이트햇(완성).sb3

컴퓨터 보안 전문가를 해커(Hacker)라고 하는데, 해커 중에서 다른 사람의 컴퓨터에 몰래 침입하여 정보를 빼가거나 시스템을 망가뜨리는 사람들을 블랙햇(Black Hat), 좋은 목적으로 해킹하는 사람들을 화이트햇(White Hat)이라고 해요. 숫자 맞히기 게임을 만들어 1부터 20까지의 숫자를 빨리 맞히는 화이트햇이 되어 볼까요?

▲ 프로그램이 시작되면 1부터 20까지 숫자 중 하나를 입력함

▲ 정답이 아니면 더 큰 숫자 또는 더 작은 숫자를 입력하라고 하고, 정답을 맞히면 칭찬을 들을 수 있음

● 주요 블록

너 이름이 뭐니? 라고 묻고 기다리기	입력한 글자를 말하고 대답을 입력할 때까지 기다립니다.
가위 와(과) 나무 결합하기	입력한 두 값을 결합한 값입니다.
나의 변수 ▾ 을(를) 0 로 정하기	선택한 변수의 값을 입력한 값으로 정합니다.
나의 변수 ▾ 을(를) 1 만큼 바꾸기	선택한 변수의 값을 입력한 값만큼 바꿉니다.

01 '화이트햇.sb3' 파일을 불러와요.

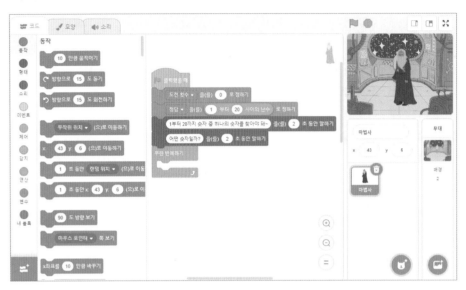

02 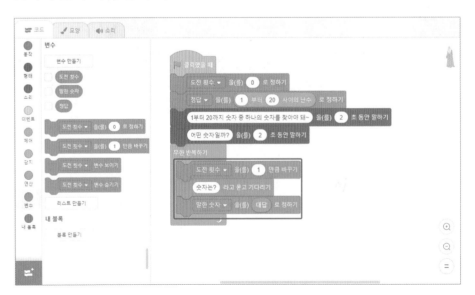 의 도전 횟수 ▼ 을(를) 1 만큼 바꾸기 를 반복 블록 안에 끼워 넣은 후 의 너 이름이 뭐니? 라고 묻고 기다리기 를 아래에 연결하고 질문 부분에 "숫자는?"을 입력해요.

03 의 도전 횟수 ▼ 을(를) 0 로 정하기 를 아래에 연결하고 변수를 '말한 숫자'로 지정한 후 의 대답 을 숫자 부분에 끼워 넣어요.

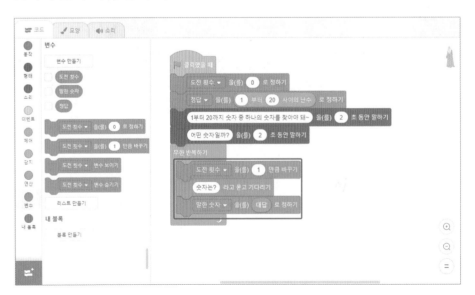

'도전 횟수', '말한 숫자', '정답' 변수는 만들어져 있습니다.

01 제어 의 `만약 ◆ (이)라면 / 아니면` 을 아래에 연결한 후 조건 부분에 연산 의 `⬭ = 50` 를 끼워 넣어요.

02 '말한 숫자'와 '정답'이 같은지 검사하기 위해 조건의 등호 왼쪽과 오른쪽에 변수 의 `말한 숫자` 와 `정답` 을 끼워 넣어요.

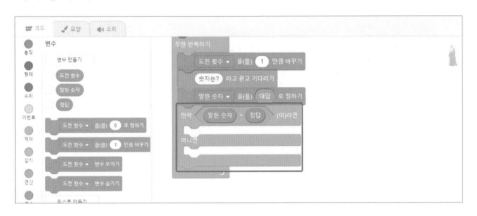

03 조건문의 참 부분에 형태 의 `안녕! 을(를) 2 초 동안 말하기` 를 2개 끼워 넣고 연산 의 `가위 와(과) 나무 결합하기` 를 말 부분에 각각 끼워 넣어요.

04 변수 의 `정답` 과 `도전 횟수` 를 각각 결합 블록 왼쪽에 끼워 넣고 "을 맞혔군!"과 "번만에 맞히다니! 대단한 해커가 되겠군!"을 입력한 후 아래 블록의 시간을 '4'초로 지정해요.

05 제어 의 `멈추기 모두 ▾` 를 아래에 연결해요.

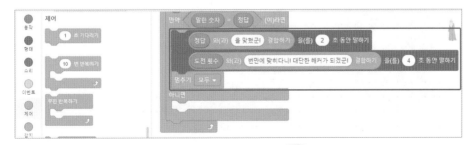

03 문제를 틀린 경우

01 제어의 `만약 (이)라면 / 아니면`을 아래에 연결하고, 조건 부분에 연산의 `> 50`을 끼워 넣어요.

02 변수의 `정답`과 `말한 숫자`를 각각 부등호 왼쪽과 오른쪽에 끼워 넣어요.

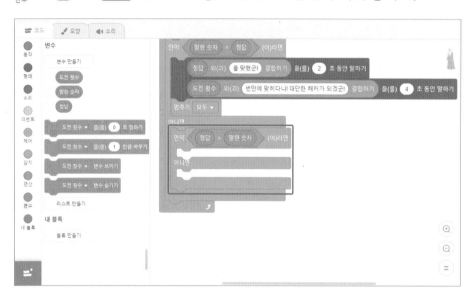

03 형태의 `안녕! 을(를) 2 초 동안 말하기`를 조건문의 참 부분과 거짓 부분에 각각 끼워 넣어요.

04 정답이 말한 숫자보다 큰 경우 "더 큰 숫자를 생각해봐~"를 말하고, 그렇지 않은 경우 "더 작은 숫자를 생각해봐~"를 말하도록 내용을 입력해요.

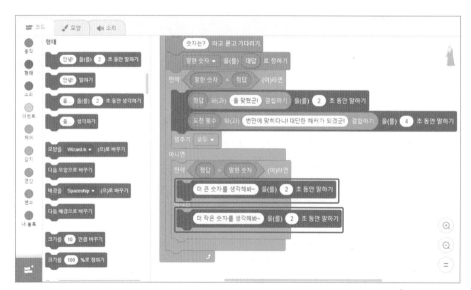

04 게임하기

01 프로그램을 실행하여 1부터 20까지 숫자 중 하나를 입력해요.

02 마법사의 안내에 따라 더 작은 숫자나 더 큰 숫자를 입력해요.

03 정답을 맞히면 다음과 같이 표시돼요.

01 두 수를 입력받아 덧셈과 뺄셈 중 원하는 계산 결과를 알려주도록 주어진 〈조건〉대로 스크립트를 완성해 보세요.

📁 [실습파일] 척척계산 로봇.sb3 　　📁 [완성파일] 척척계산 로봇(완성).sb3

조건

- '연산자'가 '1'이면 '덧셈 결과'를 '숫자1'+ '숫자2'로 정하고 "덧셈 정답은 '덧셈 결과'"를 '4'초 동안 말하기
- '연산자'가 '2'면 '뺄셈 결과'를 '숫자1'−숫자2'로 정하고 "뺄셈 정답은 '뺄셈 결과'"를 '4'초 동안 말하기
- 사용 블록

만약 ◇ (이)라면 ⬡ = 50

나의 변수 ▾ 을(를) 0 로 정하기

02 구구단을 2단부터 9단까지 말하도록 주어진 〈조건〉대로 스크립트를 완성해 보세요.

📁 [실습파일] 구구단을 외자.sb3 　　📁 [완성파일] 구구단을 외자(완성).sb3

조건

- '값1'이 2부터 9까지 8번 반복해서 1씩 증가하는 동안 '값2'가 1부터 9까지 9번 반복해서 1씩 증가하면서 구구단을 외우기
- 구구단을 외우고 '0.5'초 기다리기
- 각 단이 끝날 때마다 '값2'를 '0'으로 정하기
- 사용 블록

가위 와(과) 나무 결합하기

나의 변수 ▾ 을(를) 1 만큼 바꾸기

나의 변수 ▾ 을(를) 0 로 정하기

20강 택배차 출발~

- 택배차의 초기 위치와 방향, 크기를 설정할 수 있습니다.
- 위쪽/아래쪽 화살표 키로 상하로 이동하는 속도를 조절할 수 있습니다.
- 왼쪽/오른쪽 화살표 키로 좌우로 이동하는 속도를 조절할 수 있습니다.

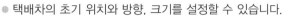
[실습파일] 택배차.sb3   [완성파일] 택배차(완성).sb3

인터넷이나 TV 홈쇼핑 등으로 물건을 주문하고 나면 다들 빨리 받고 싶어지겠죠? 택배 기사님이 안전하고 빠르게 오실 수 있도록 여러분이 프로그램을 만들고 택배차를 조종하여 도착 지점까지 오는 데 얼마나 걸리는지 시간을 측정해 볼까요? 친구들과 시간을 비교하면서 재미있게 게임해 보아요!

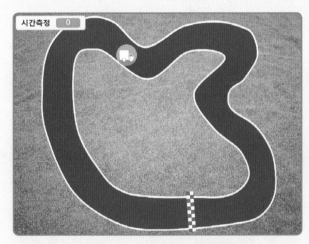
▲ 방향키로 택배차를 움직이면서 트랙을 벗어나지 않고 한 바퀴 돌아 도착 지점까지 움직임

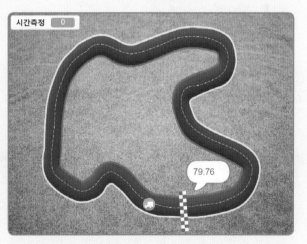
▲ 도착 지점에 도착하면 시간이 표시되고 배경이 바뀜

주요 블록

크기를 100 %로 정하기	스프라이트의 크기를 입력한 비율로 정합니다.
스페이스 ▾ 키를 눌렀는가?	선택한 키를 누른 경우 '참'으로 판단합니다.
나의 변수 ▾ 을(를) 0 로 정하기	선택한 변수의 값을 입력한 값으로 정합니다.
나의 변수 ▾ 을(를) 1 만큼 바꾸기	선택한 변수의 값을 입력한 값만큼 바꿉니다.

01 '택배차 출발.sb3' 파일을 불러온 후 스프라이트 목록에서 '택배차'를 선택해요.

02 이벤트 의 클릭했을때 를 드래그하여 추가하고, 동작 의 x: 0 y: 0 (으)로 이동하기 를 아래에 연결하여 x좌표를 '−5', y좌표를 '−145'로 지정한 후 90 도 방향 보기 를 연결하여 방향을 '−90'도로 지정해요.

03 형태 의 크기를 100 %로 정하기 를 연결하여 크기를 '10'%로 지정해요.

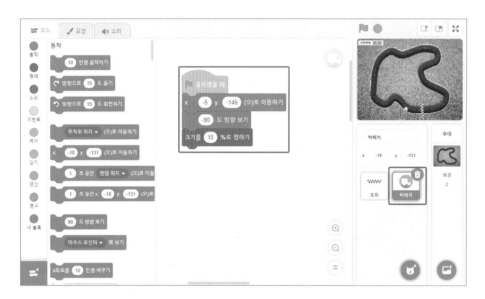

04 변수 의 시간측정 ▾ 을(를) 0 로 정하기 를 2개 연결한 후 변수를 각각 'X좌표속도', 'Y좌표속도'로 지정해요.

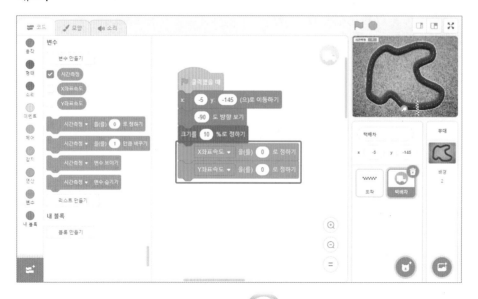

02 택배차를 속도만큼 이동시키기

01  의 🏳클릭했을 때 를 드래그하여 추가하고, 의 무한 반복하기 를 연결해요.

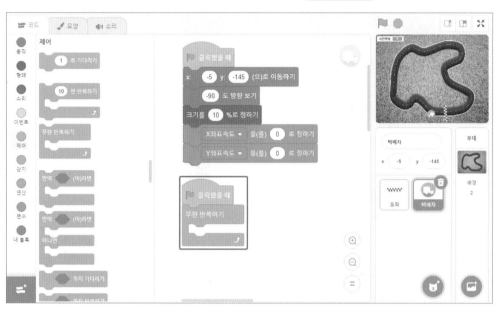

02 동작의 x좌표를 10 만큼 바꾸기 와 y좌표를 10 만큼 바꾸기 를 반복 블록 안에 끼워 넣은 후 거리에 각각 변수의 X좌표속도 와 Y좌표속도 를 끼워 넣어요.

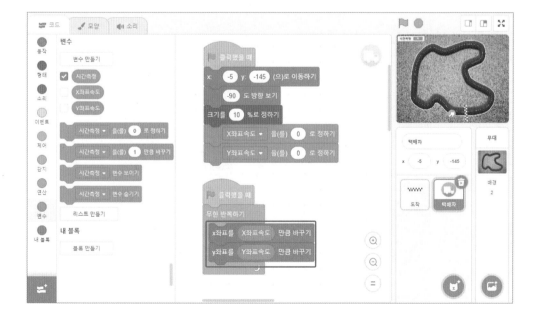

131

01 의 [클릭했을 때]를 드래그하여 추가하고, ●의 [무한 반복하기]를 연결한 후 반복 블록 안에 [만약 (이)라면]을 4개 끼워 넣어요.

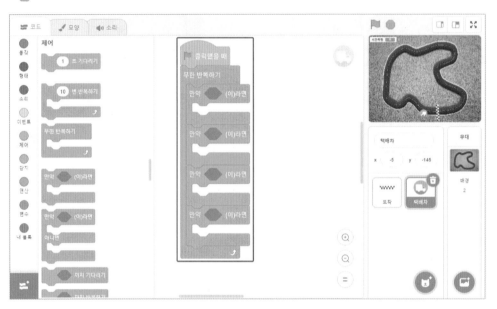

02 ●의 [스페이스 ▾ 키를 눌렀는가?]를 각 조건 부분에 끼워 넣은 후 키를 순서대로 '위쪽 화살표', '아래쪽 화살표', '왼쪽 화살표', '오른쪽 화살표'로 지정해요.

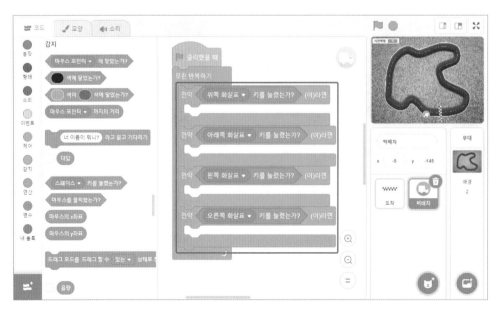

03 ●변수 의 [시간측정 ▼ 을(를) ① 만큼 바꾸기] 를 첫 번째와 두 번째 조건문에 끼워 넣어요.

04 위쪽 화살표 키를 누르면 'Y좌표속도'를 '0.02'만큼 바꾸고, 아래쪽 화살표 키를 누르면 'Y좌표속도'를 '−0.02'만큼 바꾸도록 지정해요.

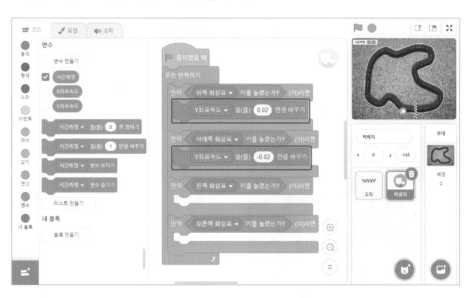

05 ●동작 의 [90 도 방향 보기] 와 ●변수 의 [시간측정 ▼ 을(를) ① 만큼 바꾸기] 를 세 번째와 네 번째 조건 블록 안에에 끼워 넣어요.

06 왼쪽 화살표 키를 누르면 왼쪽(−90도) 방향으로 'X좌표속도'를 '−0.02'만큼 바꾸고, 오른쪽 화살표 키를 누르면 오른쪽(90도) 방향으로 'X좌표속도'를 '0.02'만큼 바꾸도록 지정해요.

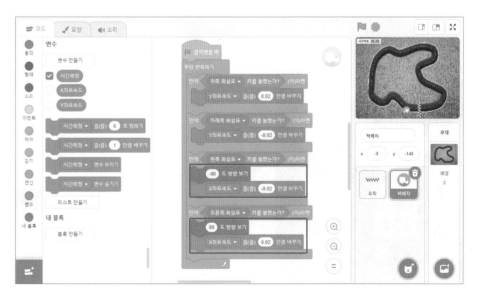

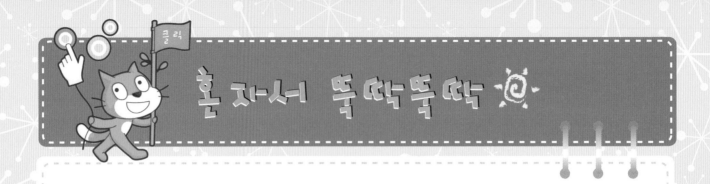

01 공이 트랙을 벗어나면 속도가 감소하고, 시간이 표시되도록 주어진 〈조건〉대로 스크립트를 완성해 보세요.

📂 [실습파일] 레이싱볼.sb3   📂 [완성파일] 레이싱볼(완성).sb3

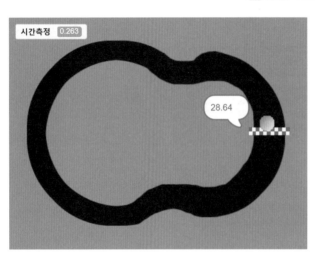

조건

• 시작 버튼을 클릭했을 때 '공'이 배경의 초록색에 닿으면 'X좌표속도'와 'Y좌표속도'를 현재 속도의 80%(=0.80)로 정하기

• '시간측정'을 '타이머'로 정하기

• 사용 블록

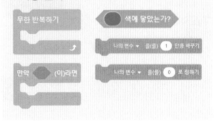

02 공이 파란색에 닿으면 속도가 감소하고, 도착하면 색깔이 바뀌도록 주어진 〈조건〉대로 스크립트를 완성해 보세요.

📂 [실습파일] 미로.sb3   📂 [완성파일] 미로(완성).sb3

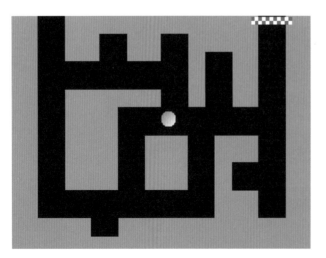

조건

• 시작 버튼을 클릭했을 때 '공'이 배경의 파란색에 닿으면 'X좌표속도'와 'Y좌표속도'가 현재 속도의 95%(=0.95)로 정하기

• '도착' 신호를 받으면 '색깔' 효과를 '25'만큼 바꾸기

• 사용 블록

21강 가위바위보 게임하기

학습 목표
- 텍스트 음성 변환(TTS) 기능 추가할 수 있습니다.
- 언어와 음성의 종류를 바꿀 수 있습니다.
- 모양을 바꿔가며 가위, 바위, 보를 말할 수 있습니다.

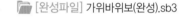

📂 [실습파일] 가위바위보.sb3   📂 [완성파일] 가위바위보(완성).sb3

가위바위보는 2명 이상의 사람들이 세 가지 손 모양인 가위, 바위, 보 중 하나를 동시에 내어 승부를 가리는 놀이랍니다. 그런데 컴퓨터와 가위바위보를 하게 된다면 과연 누가 이길까요? 심판의 안내에 따라 컴퓨터와 가위바위보 게임을 재미있게 해 보아요!

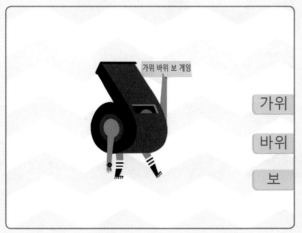

▲ "가위 바위 보 게임을 시작하겠습니다"를 말한 후 "가위", "바위", "보", "가위 바위 보 중 선택해주세요"를 반복해서 말함

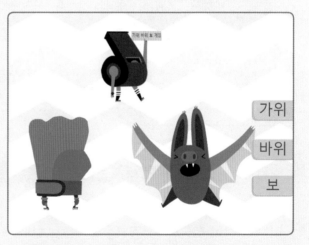

▲ 왼쪽은 컴퓨터, 오른쪽은 도전자이며, '가위', '바위', '보' 버튼 중 하나를 누르면 멈추게 되어 승부가 결정남

주요 블록			
안녕 말하기	입력된 텍스트를 음성으로 변환하여 말합니다.	음성을 중고음 ▼ 로 정하기	음성을 중고음, 중저음, 고음, 저음, 고양이 중에서 선택합니다.
언어를 한국어 ▼ 로 정하기	언어를 한국어, 영어, 중국, 일본어 등으로 정합니다.	크기를 10 만큼 바꾸기	스프라이트의 크기를 입력된 값만큼 바꿉니다.

01 텍스트 음성 변환(TTS) 기능 추가하기

01 스크래치에는 한국어뿐만 아니라 영어, 중국, 일본어 등 20개가 넘은 언어로 입력된 텍스트를 다양한 음성(고음, 저음 등)으로 변환시켜주는 '텍스트 음성 변환(TTS)' 기능이 있어요.

02 이 기능을 사용하려면 먼저 왼쪽 아래의 [확장 기능 추가하기(📁)]를 클릭해요.

03 다양한 확장 기능 중에서 '텍스트 음성 변환(TTS)'를 클릭해요.

04 추가된 Text to Speech 를 클릭하면 ◢ 안녕 말하기 , ◢ 음성을 중고음▼ 로 정하기 , ◢ 언어를 한국어▼ 로 정하기 블록을 사용할 수 있게 돼요.

05 다음과 같이 코딩한 후 블록을 클릭해 보세요.

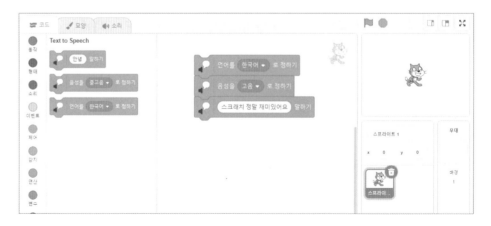

01 '가위바위보-1.sb3' 파일을 불러온 후 스프라이트 목록에서 '심판'을 선택해요.

02 의 를 드래그하여 추가하고, 의 를 연결하여 '고음'으로 지정한 후 를 연결해요.

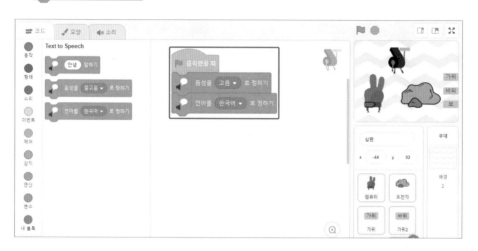

03 의 를 드래그하여 추가하고, 의 를 연결하여 모양을 '심판1'로 지정해요.

04 의 를 연결하여 x좌표를 '-31', y좌표를 '-18'로 지정한 후 의 를 연결하여 크기를 '150'%로 지정해요.

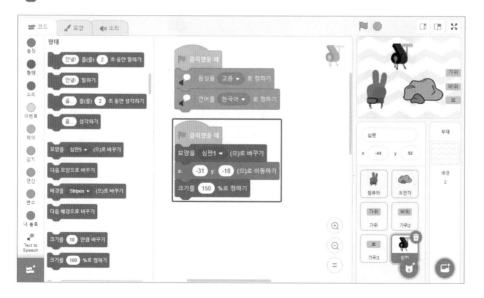

05 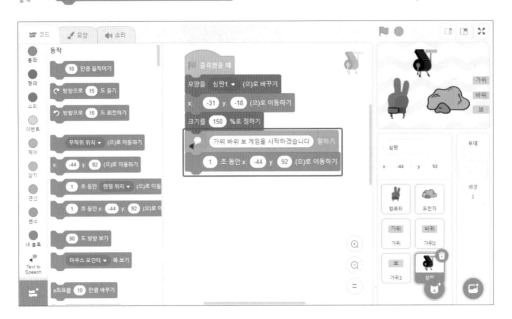 Text to Speech 의 `안녕 말하기` 를 연결하여 "가위 바위 보 게임을 시작하겠습니다"를 입력해요.

06 ● 동작 의 `1 초 동안 x: 0 y: 0 (으)로 이동하기` 를 연결하여 x좌표를 '-44', y좌표를 '92'로 지정해요.

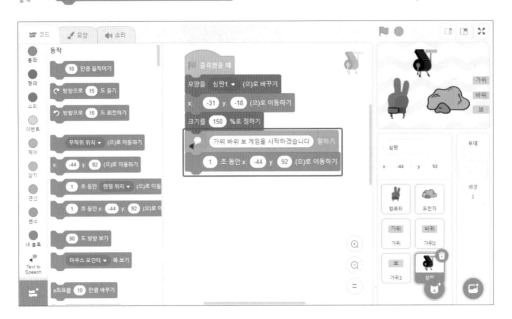

07 ● 제어 의 `10 번 반복하기` 를 연결하여 반복 횟수를 '6'으로 지정하고, ● 형태 의 `크기를 10 만큼 바꾸기` 를 반복 블록 안에 끼워 넣은 후 크기를 '-10'으로 지정해요.

08 ● 제어 의 `게임시작 ▼ 신호 보내기` 를 연결해요.

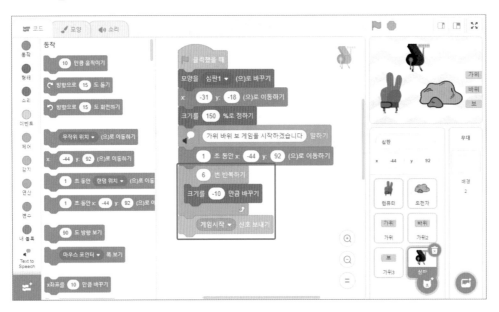

03 모양 바꿔가며 가위, 바위, 보 말하기

01 🔘 의 [수동 작동 ▼ 신호를 받았을 때] 를 드래그하여 추가하고 메시지를 '게임시작'으로 지정한 후 🔘 의
이벤트

[모양을 모양2 ▼ (으)로 바꾸기] 를 연결하여 모양을 '심판2'로 지정해요.

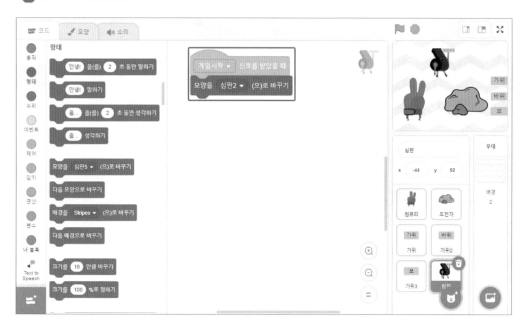

02 🔘 의 [🔈 안녕 말하기] 를 연결하여 "가위"를 입력하고, 🔘 의 [모양을 모양2 ▼ (으)로 바꾸기] 를 연결하여 모양을
Text to   형태
Speech

'심판3'으로 지정해요.

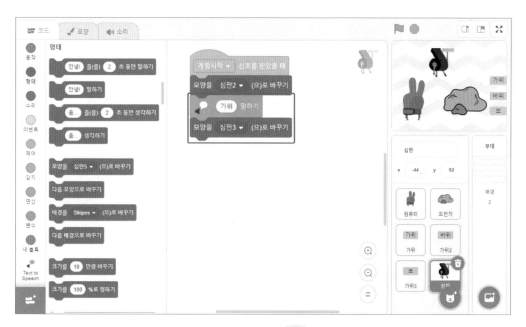

03 말하기 블록을 마우스 오른쪽 버튼으로 클릭하여 [복사하기]를 선택한 후 복사된 블록을 아래에 연결하는 작업을 두 번 반복해요.

04 추가된 블록에서 "바위"를 말하고 모양을 '심판4'로 바꾸고, "보"를 말하고 '심판1'로 바꾸도록 지정해요.

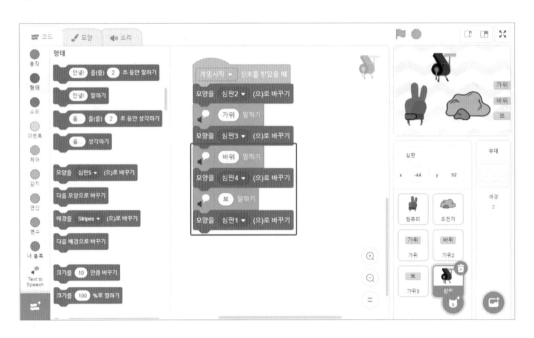

05 시작하기 버튼(▶)을 클릭하여 컴퓨터와 가위바위보 게임을 해 보세요!

혼 자 서 뚝 딱뚝 딱

01 '먹방 마스터'의 목소리를 중고음으로 정하고 수박게임을 할 수 있도록 주어진 〈조건〉 대로 스크립트를 완성해 보세요.

📁 [실습파일] 수박게임.sb3　　📁 [완성파일] 수박게임(완성).sb3

계곡에서 수박 많이 먹기 게임

조건

• 시작 버튼을 클릭했을 때 TTS 기능을 추가하고, '먹방 마스터' 음성을 '중고음', 언어를 '한국어'로 정한 후 "수박 많이 먹기 게임을 시작하겠습니다." 말하기

• '먹방 마스터'의 모양을 '심판3'으로 바꾸고, '0.5'초마다 다음 모양으로 바꾸기를 '6'번 반복하고, '준비' 신호 보내기

• '준비' 신호를 받았을 때 "도전"을 말하고, '시작' 신호 보내기

• 사용 블록

　 안녕 말하기　　 음성을 중고음 ▼ 로 정하기

　 언어를 한국어 ▼ 로 정하기

02 '냐옹이'가 어린이날 이벤트를 하는 놀이동산에서 즐겁게 놀 수 있도록 주어진 〈조건〉 대로 스크립트를 완성해 보세요.

📁 [실습파일] 어린이날 이벤트.sb3　　📁 [완성파일] 어린이날 이벤트(완성).sb3

티켓 금액 1500

조건

• 시작 버튼을 클릭했을 때 '냐옹이'가 티켓 금액을 초기화 하고, "어린이날 이벤트 행사가 있습니다.", "입장권을 먼저 선택하고 구입 버튼을 눌러 주세요!"라고 말하기

• '어린이', '청소년', '성인' 스프라이트에 '티켓 금액 바꾸기' 변수 금액을 정해 입력해 주고, TTS 기능을 활용하여 안내 메시지를 말하기

• 사용 블록

　 음성을 중고음 ▼ 로 정하기

　 나의 변수 ▼ 을(를) 1 만큼 바꾸기

141

22강 스타일리스트 로봇 만들기

📁 [실습파일] 스타일리스트 로봇.sb3   📁 [완성파일] 스타일리스트 로봇(완성).sb3

 리스트(List)는 비슷한 자료들을 연결해 놓은 것이에요. 변수는 하나의 자료만 저장할 수 있지만, 리스트는 여러 개의 자료들을 저장할 수 있어요. 리스트를 이용하여 의류 패션 전문가인 스타일리스트 로봇을 만들어 볼까요?

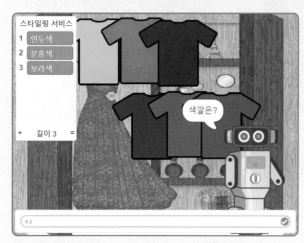

▲ 옷을 몇 벌 고를지 숫자를 입력하고, 옷 색깔을 입력하여 리스트에 추가함

▲ 리스트에서 임의의 추천옷을 골라 추천하고 리스트에서 삭제한 후 나머지 항목에서 임의의 추천옷을 골라 추천함

주요 블록

나의 리스트 ▾ 의 항목을 모두 삭제하기	선택된 리스트의 모든 항목을 삭제합니다.
항목 을(를) 나의 리스트 ▾ 에 추가하기	지정된 항목을 선택된 리스트에 추가합니다.
나의 리스트 ▾ 리스트의 1 번째 항목	선택된 리스트의 지정된 순서의 항목입니다.
나의 리스트 ▾ 의 길이	선택한 리스트의 길이입니다

01 '스타일리스트 로봇.sb3' 파일을 불러온 후 ⬤ 의 [리스트 만들기]를 클릭해요.

02 새로운 리스트 이름에 "스타일링 서비스"를 입력하고 [확인]을 클릭해요.

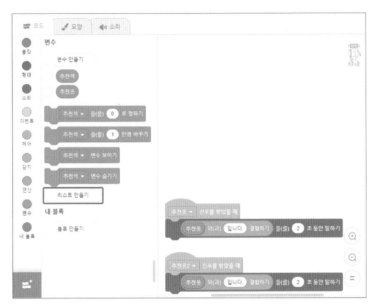

03 새로운 '스타일링 서비스' 리스트와 함께 관련 블록들이 생성돼요.

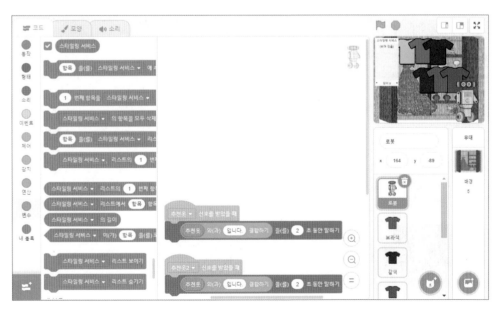

02 리스트에 여러 개의 옷 색깔 저장하기

01 스프라이트 목록에서 '로봇'을 선택해요.

02 프로그램이 시작하면 '스타일링 서비스' 리스트의 항목을 모두 삭제하도록 만들어요.

03 "옷 골라주는 로봇입니다."를 '2'초 동안 말하고, "몇 벌 중에서 고르시겠습니까?"라고 묻고 기다리도록 만들어요.

04 입력한 대답만큼 반복하도록 만들어요.

05 "색깔은?"이라고 묻고 기다리고, 입력한 대답을 '스타일링 서비스' 리스트에 추가하도록 만들어요.

01 '스타일링 서비스' 리스트의 임의의 위치값을 '추천색' 변수에 저장하도록 만들어요.

```
대답 번 반복하기
    색깔은? 라고 묻고 기다리기
    대답 을(를) 스타일링 서비스 ▼ 에 추가하기

추천색 ▼ 을(를) 1 부터 스타일링 서비스 ▼ 의 길이 사이의 난수 로 정하기
```

02 '스타일링 서비스' 리스트의 '추천색'번째 항목을 '추천옷' 변수에 저장하도록 만들어요.

```
대답 번 반복하기
    색깔은? 라고 묻고 기다리기
    대답 을(를) 스타일링 서비스 ▼ 에 추가하기

추천색 ▼ 을(를) 1 부터 스타일링 서비스 ▼ 의 길이 사이의 난수 로 정하기
추천옷 ▼ 을(를) 스타일링 서비스 ▼ 리스트의 추천색 번째 항목 로 정하기
```

03 "첫번째 추천옷은~~~"을 '2'초 동안 말하고 '추천옷' 신호를 보내도록 만들어요.

```
🏳 클릭했을 때
스타일링 서비스 ▼ 의 항목을 모두 삭제하기
옷 골라주는 로봇입니다. 을(를) 2 초 동안 말하기
몇 벌 중에서 고르시겠습니까? 라고 묻고 기다리기
대답 번 반복하기
    색깔은? 라고 묻고 기다리기
    대답 을(를) 스타일링 서비스 ▼ 에 추가하기

추천색 ▼ 을(를) 1 부터 스타일링 서비스 ▼ 의 길이 사이의 난수 로 정하기
추천옷 ▼ 을(를) 스타일링 서비스 ▼ 리스트의 추천색 번째 항목 로 정하기
첫 번째 추천옷은~~~ 을(를) 2 초 동안 말하기
추천옷 ▼ 신호 보내기
```

'로봇' 스프라이트에는 '추천옷' 신호를 받았을 때 추천옷이 무엇인지 '2'초 동안 말하는 스크립트가 만들어져 있습니다.

04 두번째 추천옷 정하기

01 첫번째 추천옷이 무엇인지 말한 후 '2'초 기다렸다가 '스타일링 서비스' 리스트에서 '추천색'번째 항목을 삭제하도록 만들어요.

```
첫 번째 추천옷은~~~ 을(를) 2 초 동안 말하기
추천옷 ▼ 신호 보내기
2 초 기다리기
추천색 번째 항목을 스타일링 서비스 ▼ 에서 삭제하기
```

02 '스타일링 서비스' 리스트의 임의의 항목을 '추천옷' 변수에 저장하도록 만들어요.

```
첫번째 추천옷은~~~ 을(를) 2 초 동안 말하기
추천옷 ▼ 신호 보내기
2 초 기다리기
추천색 번째 항목을 스타일링 서비스 ▼ 에서 삭제하기
추천옷 ▼ 을(를) 스타일링 서비스 ▼ 리스트의 1 부터 스타일링 서비스 ▼ 의 길이 사이의 난수 번째 항목 로 정하기
```

03 "두번째 추천옷은~~~"을 '2'초 동안 말하고 '추천옷2' 신호를 보내도록 만들어요.

```
첫 번째 추천옷은~~~ 을(를) 2 초 동안 말하기
추천옷 ▼ 신호 보내기
2 초 기다리기
추천색 번째 항목을 스타일링 서비스 ▼ 에서 삭제하기
추천옷 ▼ 을(를) 스타일링 서비스 ▼ 리스트의 1 부터 스타일링 서비스 ▼ 의 길이 사이의 난수 번째 항목 로 정하기
두벗째 추천옷은~~~ 을(를) 2 초 동안 말하기
추천옷2 ▼ 신호보내기
```

'로봇' 스프라이트에는 '추천옷2' 신호를 받았을 때 추천옷이 무엇인지 '2'초 동안 말하는 스크립트가 만들어져 있습니다.

04 두번째 추천옷이 무엇인지 말한 후 "예쁘게 입으세요~"라고 말하도록 만들어요.

```
첫번째 추천옷은~~~ 을(를) 2 초 동안 말하기
추천옷 ▼ 신호 보내기
2 초 기다리기
추천색 번째 항목을 스타일링 서비스 ▼ 에서 삭제하기
추천옷 ▼ 을(를) 스타일링 서비스 ▼ 리스트의 1 부터 스타일링 서비스 ▼ 의 길이 사이의 난수 번째 항목 로 정하기
두벗째 추천옷은~~~ 을(를) 2 초 동안 말하기
추천옷2 ▼ 신호 보내기
예쁘게 입으세요~ 말하기
```

01 버킷리스트(소망 목록)를 입력하고 그중에 하나를 랜덤으로(무작위로) 뽑도록 주어진 〈조건〉대로 스크립트를 완성해 보세요.

[실습파일] 버킷리스트 만들기.sb3   [완성파일] 버킷리스트 만들기(완성).sb3

조건

⊙ 변수: 랜덤선택

⊙ 리스트: 소망목록

⊙ '민준' 스프라이트를 클릭했을 때

- '랜덤선택'을 '0'으로 정하기
- '소망목록'의 항목을 모두 삭제하기
- "버킷리스트를 만들어보고 첫 번째 소망을 랜덤으로 뽑아보자~"를 '2'초 동안 말하기
- "모두 몇 개로 정할까?"라고 묻고 기다리기
- '대답'번 반복하기
  - "소망 목록을 말해봐~"라고 묻고 기다리기
  - '대답'을 '소망목록'에 추가하기
- '랜덤선택'을 '소망목록' 리스트의 '1'부터 '소망목록'의 길이 사이의 난수번째 항목으로 정하기
- "첫 번째로 이루어질 버킷리스트는~"을 '2'초 동안 말하기
- 'Clock Ticking' 끝까지 재생하기
- '랜덤선택 결과' 신호 보내기

⊙ '서연' 스프라이트가 '랜덤선택 결과' 신호를 받았을 때

- '랜덤선택'을 '2'초 동안 말하기

23강 평균을 구해줘!

학습 목표
- 과목별 점수 리스트에 점수를 추가할 수 있습니다.
- 리스트의 항목 값들을 더하여 합계를 구할 수 있습니다.
- 합계를 과목의 개수로 나누어 평균을 구할 수 있습니다.

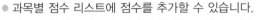
📁 [실습파일] 평균을 구해줘-1.sb3   📁 [완성파일] 평균을 구해줘-1(완성).sb3

 평균이란 자료 전체의 합을 자료의 개수로 나눈 값을 의미해요. 예를 들어 국어, 영어, 수학의 점수가 80, 90, 100점이라면 세 과목의 평균은 90점이랍니다. 과목별 점수 리스트에 다섯 과목의 점수를 입력하면 자동으로 합계와 평균을 구해주는 프로그램을 만들어 볼까요?

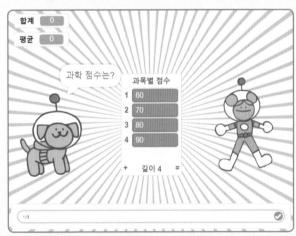

▲ 국어, 영어, 수학, 사회, 과학 점수를 하나씩 입력해서 리스트에 점수를 추가함

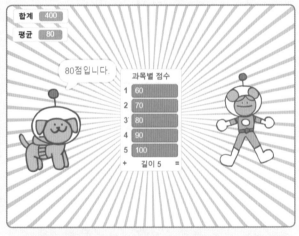

▲ 점수의 합을 과목의 개수(리스트의 길이)로 나눠 평균을 구한 후 평균을 알려줌

주요 블록

나의 리스트 ▾ 의 항목을 모두 삭제하기	선택된 리스트의 모든 항목을 삭제합니다.
항목 을(를) 나의 리스트 ▾ 에 추가하기	지정된 항목을 선택된 리스트에 추가합니다.
나의 리스트 ▾ 리스트의 1 번째 항목을 항목 으로 바꾸기	선택된 리스트의 지정된 순서의 항목을 입력한 항목으로 바꿉니다.
나의 리스트 ▾ 의 길이	선택한 리스트의 길이입니다.

01 '평균을 구해줘-1.sb3' 파일을 불러와요.

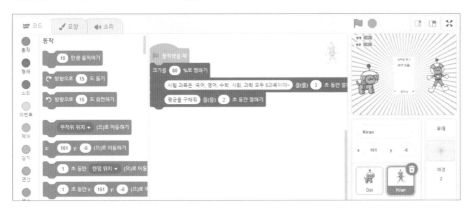

'Kiran' 스프라이트에는 시험 과목을 설명하고 평균을 구해달라고 말하는 스크립트가 만들어져 있습니다.

02 스프라이트 목록에서 'Dot'를 선택한 후 `이벤트`의 `클릭했을 때`를 드래그하여 추가하고, `변수`의 `나의 변수 ▾ 을(를) 0 로 정하기`를 3개 연결하여 '평균'과 '합계' 변수는 '0'으로, '위치' 변수는 '1'로 정해요.

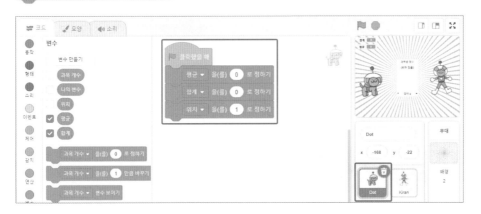

03 `변수`의 `과목별 점수 ▾ 의 항목을 모두 삭제하기`를 연결하고, `제어`의 `1 초 기다리기`를 연결하여 '5'초로 지정해요.

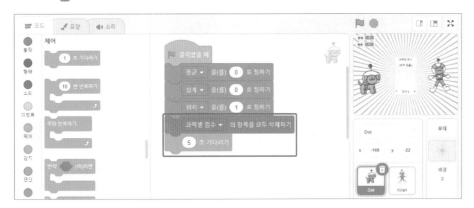

04  감지의 `너 이름이 뭐니? 라고 묻고 기다리기` 를 연결하여 "국어 점수는?"을 입력하고, 변수의 `항목 을(를) 과목별 점수 ▼ 에 추가하기` 를 연결한 후 감지의 `대답` 을 항목 부분에 끼워 넣어요.

05 `국어 점수는? 라고 묻고 기다리기` 를 마우스 오른쪽 버튼으로 클릭하여 [복사하기]를 선택하고 복사된 블록을 아래에 붙이는 작업을 4번 반복해요.

06 질문의 과목을 "영어", "수학", "사회", "과학"으로 수정해요.

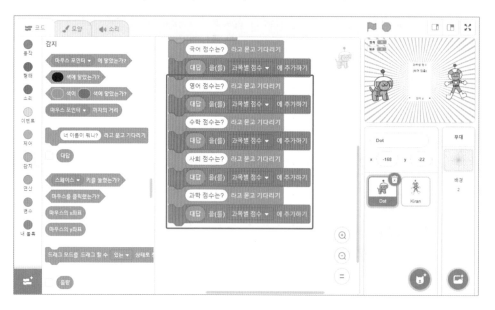

01 '1'초 후 과목의 개수(=리스트의 길이)만큼 반복 수행하기 위해 ● 의 [1 초 기다리기] 와 [10 번 반복하기]

를 연결하고 반복 횟수에 ● 의 [과목별 점수 ▾ 의 길이] 를 끼워 넣어요.

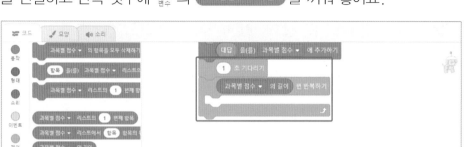

02 '과목별 점수' 리스트의 점수를 '합계' 변수에 하나씩 저장하기 위해 ● 의

[나의 변수 ▾ 을(를) 1 만큼 바꾸기] 를 반복 블록 안에 끼워 넣고 변수를 '합계'로 지정해요.

03 값 부분에 [과목별 점수 ▾ 리스트의 1 번째 항목] 을 끼워 넣고 위치 부분에 [위치] 를 끼워 넣어요.

04 위치를 한 칸 옮기기 위해 [나의 변수 ▾ 을(를) 1 만큼 바꾸기] 를 아래에 연결하고 변수를 '위치'로 지정해요.

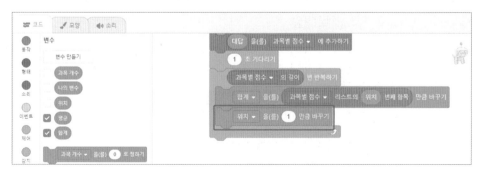

03 평균 구하고 결과 알려주기

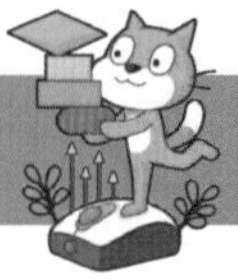

01 변수의 [나의 변수 ▾ 을(를) 0 로 정하기]를 아래에 연결하여 변수를 '평균'으로 지정하고, 숫자 부분에 연산의 ( ) / ( ) 를 끼워 넣어요.

02 나누기 식의 왼쪽 부분에 변수의 (합계)를 끼워 넣고, 오른쪽 부분에 (과목별 점수 ▾ 의 길이)를 끼워 넣어요.

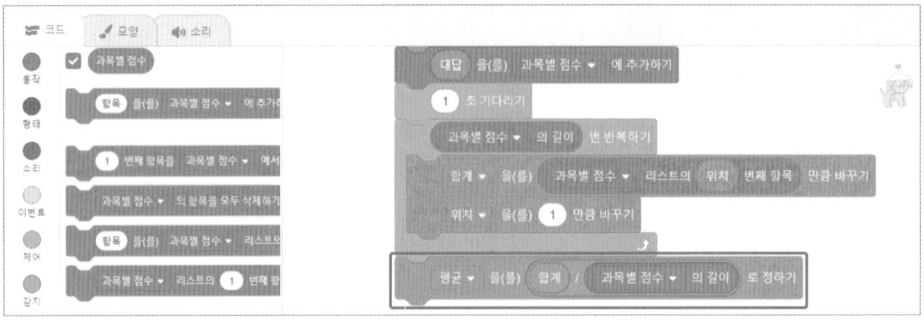

03 형태의 [안녕! 을(를) 2 초 동안 말하기]를 2개 연결한 후 위쪽 블록에 "평균 점수는"을 '1'초 동안 말하도록 지정해요.

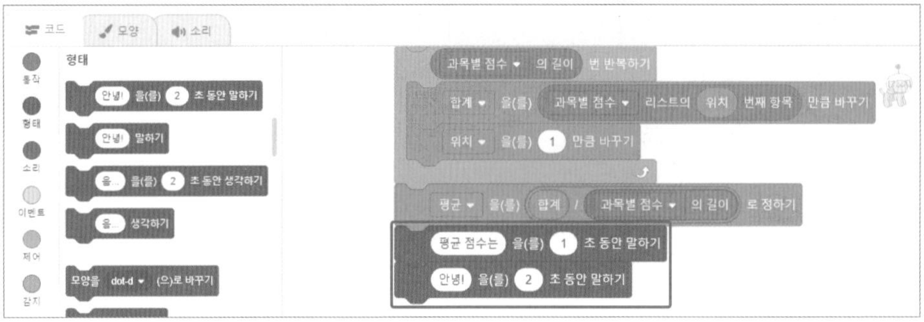

04 연산의 (가위 와(과) 나무 결합하기)를 말 부분에 끼워 넣고, 결합하기 블록의 왼쪽 부분에 변수의 (평균)을 끼워 넣은 후 오른쪽 부분에 "점입니다."를 입력해요.

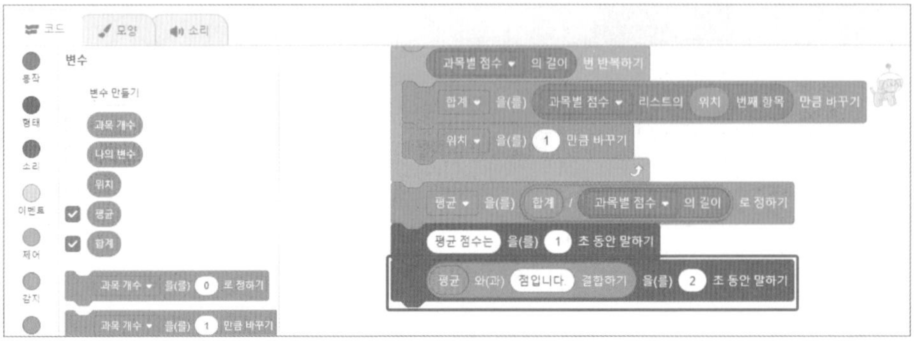

01 과목의 개수와 과목별 점수를 입력받아 평균을 구하도록 주어진 〈조건〉대로 스크립트를 완성해 보세요.

📁 [실습파일] 평균을 구해줘-2.sb3　　📁 [완성파일] 평균을 구해줘-2(완성).sb3

조건

⊙ 변수: 평균, 합계, 위치, 과목 개수

⊙ 리스트: 점수

⊙ 클릭했을 때

- 평균을 '0', 합계를 '0', 위치를 '1'로 정하기
- '점수'의 항목을 모두 삭제하기
- "과목이 모두 몇 개입니까?"라고 묻고 기다리기
- '과목 개수'를 '대답'으로 정하기
- '1'초 기다리기
- '과목 개수'번 반복하기
  - "'위치'번째 과목 점수를 입력하세요"라고 묻고 기다리기
  - '대답'을 '점수' 리스트의 '위치'번째에 넣기
  - '합계'를 '점수' 리스트의 '위치'번째 항목만큼 바꾸기
  - '위치'를 '1'만큼 바꾸기
- '평균'을 '합계' / '점수'의 길이로 정하기
- "평균 점수는"을 '1'초 동안 말하기
- "'평균'점입니다."를 '2'초 동안 말하기

24강 달고나 모양 뽑기 대회

학습 목표
● 함수의 기능을 이해하고 내 블록에서 함수를 만들 수 있습니다.
● 함수의 이름을 호출할 때 전달하는 입력값인 매개변수를 추가할 수 있습니다.
● 요술봉으로 다양한 색깔의 다양한 모양을 만들 수 있습니다.

📁 [실습파일] 달고나 모양 뽑기 대회.sb3   📁 [완성파일] 달고나 모양 뽑기 대회(완성).sb3

 이번 차시에서는 함수라고 하는 기능을 사용하는데, 함수란 프로그램에서 정해진 동작을 수행하는 부분이에요. 함수가 어떤 기능을 수행할지 정의하고, 정의된 함수의 이름을 호출하면 함수를 실행시킬 수 있어요. 함수를 만들고 호출해서 다양한 모양의 달고나 모양을 만들어 볼까요?

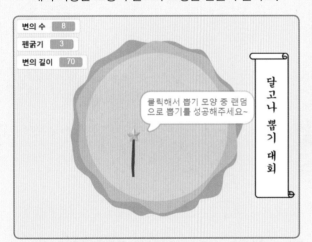

▲ 프로그램이 시작되면 '요술봉'이 안내말을 하고, '펜굵기', '변의 길이' 변숫값이 초기화됨

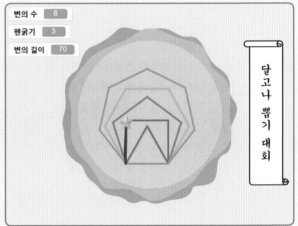

▲ '요술봉'을 클릭하면 '변의 수' 변숫값을 3으로 초기화하고 정삼각형, 정사각형, 정오각형, 정육각형, 정칠각형이 그려짐

주요 블록

나의 변수 ▼ 을(를) 0 로 정하기	선택한 변수의 값을 입력한 값으로 정합니다.
나의 변수 ▼ 을(를) 1 만큼 바꾸기	선택한 변수의 값을 입력한 값만큼 바꿉니다.
모양뽑기준비 ◯	정해진 동작을 수행하는 부분인 함수의 이름을 호출할 때 전달하는 입력값이 한 개로, 예를 들어 입력값을 '펜굵기'로 지정할 수 있습니다.
정다각형 모양 정하기 ◯ ◯	함수의 이름을 호출할 때 전달하는 입력값이 두 개로, 예를 들어 입력값을 '변의 수', '변의 길이'로 지정할 수 있습니다.

154

01 '달고나 모양 뽑기 대회.sb3' 파일을 불러온 후 의 [블록 만들기]를 클릭해요.

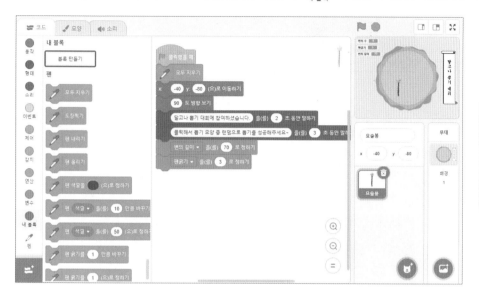

'요술봉' 스프라이트에는 그림을 모두 지우고 요술봉의 위치와 방향을 지정한 후 게임 방법을 안내하고 변수 초기값을 지정하는 스크립트가 만들어져 있습니다.

02 블록 만들기 창에서 '입력값 추가하기(숫자 또는 문자열)'을 클릭하고, 블록 이름에 "모양찍기준비", 입력값에 "펜굵기"를 입력한 후 [확인]을 클릭해요.

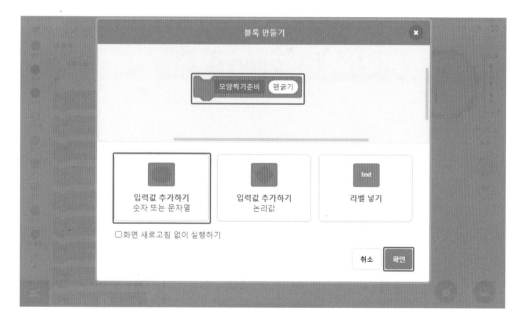

03  의 [펜 굵기를 ① (으)로 정하기] 를 아래에 연결하고, 숫자 부분에 정의하기 블록의 [펜굵기] 를 드래그하여 끼워 넣어요.

04 [펜 색깔▼ 을(를) ⑩ 만큼 바꾸기] 와 [펜 내리기] 를 아래에 연결하고, 숫자 부분에 연산 의 [① 부터 ⑩ 사이의 난수] 를 끼워 넣은 후 오른쪽 숫자를 '255'로 지정해요.

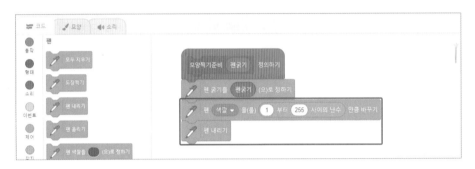

---

02 '정다각형 모양 정하기' 블록 만들기

01 내 블록 의 [블록 만들기]를 클릭해요.

02 블록 만들기 창에서 '입력값 추가하기(숫자 또는 문자열)'을 두 번 클릭하고, 블록 이름에 "정다각형 모양 정하기", 입력값에 "변의 수"와 "변의 길이"를 입력한 후 [확인]을 클릭해요.

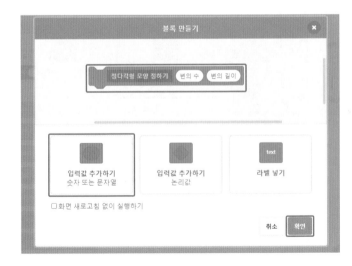

03 ⬤ 의 [10 번 반복하기] 를 아래에 연결하고, 반복 횟수 부분에 정의하기 블록의 [변의수] 를 드래그하여 끼워 넣어요.

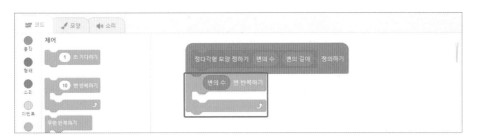

04 ⬤ 의 [1 초 기다리기] 를 반복 블록 안에 끼워 넣어 시간을 '0.2'초로 지정한 후 ⬤ 의 [10 만큼 움직이기] 를 연결하여 숫자 부분에 정의하기 블록의 [변의길이] 를 드래그하여 끼워 넣어요.

05 [방향으로 15 도 회전하기] 를 아래에 연결하여 각도 부분에 ⬤ 의 [◯/◯] 를 끼워 넣은 후 나누기 식의 왼쪽 부분에 "360"을 입력하고, 오른쪽 부분에 정의하기 블록의 [변의수] 를 드래그하여 끼워 넣어요.

03 요술봉 동작시키기

01 ⬤ 의 [이 스프라이트를 클릭했을 때] 를 드래그하여 추가하고, ⬤ 의 [나의 변수 ▾ 을(를) 0 로 정하기] 를 아래에 연결한 후 변수를 '변의 수'로, 값을 '3'으로 지정해요.

02 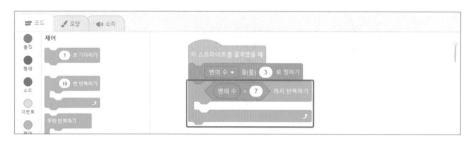 제어 의 [　　까지 반복하기] 를 아래에 연결하고, 연산 의 [　> 50] 을 조건 부분에 끼워 넣어요.

03 변수 의 [변의 수] 를 부등호 왼쪽에 끼워 넣고, 부등호 오른쪽의 수를 '7'로 지정해요.

04 내 블록 의 [모양찍기준비 　] 를 조건 블록 안에 끼워 넣고, 입력값 부분에 변수 의 [펜굵기] 를 끼워 넣어요.

05 내 블록 의 [정다각형 모양 정하기 　 　] 를 아래에 연결하고, 입력값 부분에 변수 의 [변의 수] 와 [변의 길이] 를 차례대로 끼워 넣어요.

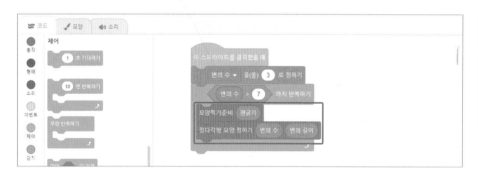

- '내 블록'에서 만든 나만의 블록을 '함수'라고 합니다.
- 함수를 실행할 때 전달하는 입력값을 '매개변수'라고 합니다.

06 변수 의 [나의 변수 ▾ 을(를) 1 만큼 바꾸기] 를 아래에 연결한 후 변수를 '변의 수'로, 값을 '1'로 지정해요.

07 펜 의 [펜 올리기] 를 조건 블록 아래에 연결해요.

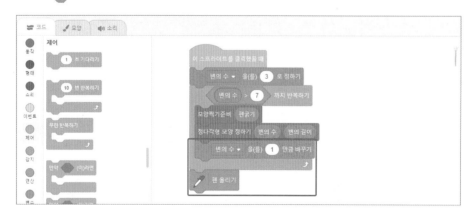

08 프로그램을 실행하여 '변의 수', '펜굵기', '변의 길이' 변숫값을 확인해요.

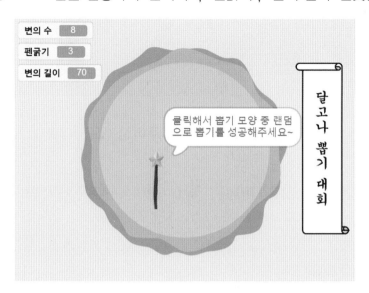

09 '요술봉'을 클릭하면 정삼각형, 정사각형, 정오각형, 정육각형, 정칠각형이 그려져요.

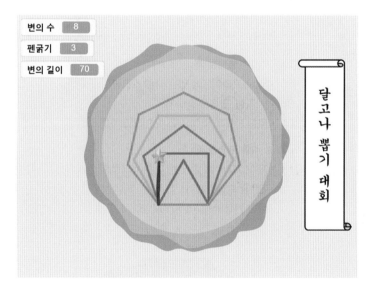

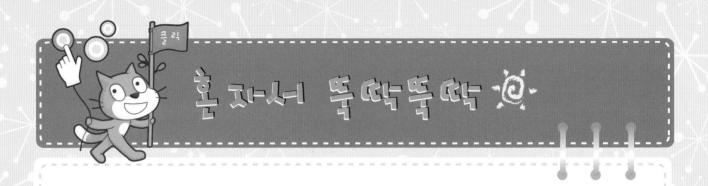
혼자서 뚝딱뚝딱

01 '3', '4', 's' 키를 누르면 각각 삼각형, 사각형, 별이 그려지도록 주어진 〈조건〉대로 스크립트를 완성해 보세요.

📁 [실습파일] 달고나 모양 뽑기.sb3   📁 [완성파일] 달고나 모양 뽑기(완성).sb3

조건

⊙ '삼각형' 정의하기
  • 펜 굵기를 '5'로 정하기 → 펜 색깔을 '청록색'으로 정하기 → 펜 내리기
  • '3'번 반복하기: '100'만큼 움직이기 → 시계 방향으로 '120'도 돌기
  • 펜 올리기

⊙ '사각형' 정의하기
  • 펜 굵기를 '5'로 정하기 → 펜 색깔을 '빨간색'으로 정하기 → 펜 내리기
  • '4'번 반복하기: '120'만큼 움직이기 → 시계 방향으로 '90'도 돌기
  • 펜 올리기

⊙ '별' 정의하기
  • 펜 굵기를 '5'로 정하기 → 펜 색깔을 '보라색'으로 정하기 → 펜 내리기

  • '5'번 반복하기: '100'만큼 움직이기 → 시계 방향으로 '144'도 돌기
  • 펜 올리기

⊙ '3' 키를 눌렀을 때
  • '이 스프라이트에 있는 다른 스크립트' 멈추기
  • '삼각형' 블록 실행하기
  • 무한 반복하기: '마우스 포인터'로 이동하기

⊙ '4' 키를 눌렀을 때
  • '이 스프라이트에 있는 다른 스크립트' 멈추기
  • '사각형' 블록 실행하기
  • 무한 반복하기: '마우스 포인터'로 이동하기

⊙ 's' 키를 눌렀을 때
  • '이 스프라이트에 있는 다른 스크립트' 멈추기
  • '별' 블록 실행하기
  • 무한 반복하기: '마우스 포인터'로 이동하기

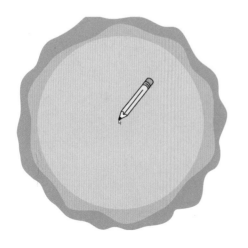